STRESS NA ADOLESCÊNCIA: PROBLEMA E SOLUÇÃO

A possibilidade de jovens estressados
se tornarem adultos saudáveis

Valquiria A. Cintra Tricoli (org.)

STRESS NA ADOLESCÊNCIA: PROBLEMA E SOLUÇÃO

A possibilidade de jovens estressados
se tornarem adultos saudáveis

2010

Casa do Psicólogo®

© 2010 Casapsi Livraria e Editora Ltda
É proibida a reprodução total ou parcial desta publicação,
para qualquer finalidade, sem autorização por escrito dos editores.

1ª Edição
2010

Editor
Ingo Bernd Güntert

Produção Gráfica e Editoração Eletrônica
Sergio Gzeschnik

Capa
Marina de Oliveira Takeda

Revisão Técnica
Valquiria A. Cintra Tricoli

Dados Internacionais de Catalogação na Publicação (CIP)
(Câmara Brasileira do Livro, SP, Brasil)

Stress na adolescência: problema e solução: a possibilidade de jovens estressados se tornarem adultos saudáveis / Valquiria A. Cintra Tricoli, (org.). – São Paulo: Casa do Psicólogo®, 2010.

ISBN 978-85-62553-41-7

1. Estresse na adolescência 2. Estresse (Psicologia) – Prevenção 3. Estresse (Psicologia) – Tratamento 4. Psicologia do adolescente I. Tricoli, Valquiria A. Cintra.

10-07003   CDD-155.4124

Índices para catálogo sistemático:

1. Stress na adolescência: Prevenção e tratamento: Psicologia 155.4124

Impresso no Brasil
Printed in Brazil

Reservados todos os direitos de publicação em língua portuguesa à

Casapsi Livraria e Editora Ltda
Rua Simão Álvares, 1020
Vila Madalena • CEP 05417-020
São Paulo/SP – Brasil
Tel.: (11) 3034.3600
www.casadopsicologo.com.br

SUMÁRIO

Agradecimentos 17

Prefácio... 19

Capítulo 1 - ADOLESCÊNCIA – ASPECTOS CLÍNICOS................................. 21
    Considerações iniciais 21
    Origem... 21
    Definições.. 21
    Crescimento e desenvolvimento.. 22
    As necessidades nutricionais do adolescente 24
    A ação hormonal 27
    A maturação sexual 28
    A puberdade precoce e seus efeitos 32
    O retardo puberal 33
    A gravidez na adolescência 33
    Apêndice 34
    Considerações finais.. 35
    Referências bibliográficas 37

Capítulo 2 - STRESS NA ADOLESCÊNCIA: SINTOMAS, FONTES E MANEJO..... 39
    O stress na adolescência: suas consequências.. 41
    A influência dos pais e o estilo parental 42
    Sintomas de stress na adolescência 42
    "Vulnerabilidade": a predisposição ao stress 43
    Fontes de stress na adolescência 44
    Consequências do stress excessivo 47
    Consequências físicas.. 47
    Consequências emocionais.. 48
    Consequências sociais 48
    Manejo do stress na adolescência 48
    Prevenção 48

Intervenção 49
Referências bibliográficas 51

Capítulo 3 - DIAGNÓSTICO DO STRESS NA ADOLESCÊNCIA 53
Adolescência e stress 53
Sinais de stress 54
Escala do Estudante 56
Escala de Stress para Adolescentes (ESA) 61
Considerações Finais 63
Referências bibliográficas 64

Capítulo 4 - STRESS NA ADOLESCÊNCIA E ESTILO PARENTAL 65
Adolescência e stress 65
Estilo parental 67
A influência do estilo parental no nível de stress
dos adolescentes 69
Estilo autoritário 69
Estilo indulgente 71
Estilo negligente 74
Estilo autoritativo 75
Considerações finais 76
Referências bibliográficas 79

Capítulo 5 - A INFLUÊNCIA DO STRESS SOBRE O USO DE DROGAS NA ADOLESCÊNCIA 81
Adolescência 81
Adolescência e stress 82
Fases do stress 82
Stress e ansiedade 84
Etiologia do uso de drogas 85
Fatores de risco 86
Fatores de proteção 88
Interações parentais e práticas educativas 91
Práticas educativas positivas 91
Práticas educativas negativas 92
Considerações finais 93
Referências bibliográficas 94

Capítulo 6 - O STRESS NA ADOLESCÊNCIA E A ESCOLHA PROFISSIONAL 97
    Introdução 97
    A adolescência e a escolha profissional 97
    A família no processo de escolha profissional 99
    O stress nesta etapa 101
    Considerações finais 104
    Referências bibliográficas 106

Conclusões 107

ÍNDICE DE TABELAS

Tabela 1.	Classificação para adolescentes do sexo masculino	22
Tabela 2.	Classificação para adolescentes do sexo feminino	23
Tabela 3.	Quilocalorias e gramas de proteína por centímetro de estatura as necessidades diárias de macronutrientes	24
Tabela 4.	Gorduras benéficas e maléficas	25
Tabela 5.	Proteínas animais e vegetais	25
Tabela 6.	Vitaminas	26
Tabela 7.	Minerais	26
Tabela 8.	Maturação sexual feminina segundo Tanner (mamas – M)	29
Tabela 9.	Maturação sexual feminina segundo Tanner (pelos pubianos – P)	29
Tabela 10.	Maturação sexual masculina segundo Tanner (desenvolvimento genital – G)	31
Tabela 11.	Maturação sexual masculina segundo Tanner (pelos pubianos – P)	31
Tabela 12.	Classificação das causas da puberdade precoce	32
Tabela 13.	Classificação das causas periféricas da puberdade precoce	32
Tabela 14.	Programação das vacinas para os adolescentes	34

ÍNDICE DE FIGURAS

Figura 1. Região do hipotálamo e hipófise	27
Figura 2. Hipotálamo e Hipófise	27
Figura 3. Maturação sexual feminina segundo Tanner (mamas – M)	29
Figura 4. Maturação sexual feminina segundo Tanner (pelos pubianos)	30
Figura 5. Maturação sexual masculina segundo Tanner (pelos pubianos – P)	31

SOBRE A ORGANIZADORA

VALQUIRIA APARECIDA CINTRA TRICOLI

Doutora em Psicologia e mestre em Psicologia Clínica pela PUC-Campinas. Advanced Training in Rational-Emotive and Cognitive Behavioral Theory and Techniques Albert Ellis Institute – NY – USA – CATREC – Buenos Aires. The Child and Adolescent Therapy Practicum – Albert Ellis Institute – NY – USA e Curso de Postgrado em Terapia Cognitiva y Educación Emotiva Conductual com Niños y Adolescents – CATREC – Buenos Aires. Pesquisadora, autora e coautora de diversas publicações na área de stress emocional na infância e na adolescência, em especial, a Escala de Stress para Adolescentes (ESA), editora Casa do Psicólogo – SP. Membro da diretoria fundadora da Associação Brasileira de Stress (ABS). Docente em cursos de pós-graduação em Terapia Cognitivo-Comportamental Infantil e na Adolescência em oito Estados brasileiros. Ampla experiência no atendimento a crianças, adolescentes, família, orientação a pais e escolas.

SOBRE OS AUTORES

ANA PAULA JUSTO

Graduada em Psicologia, com bacharelado e licenciatura, pela PUC-Campinas, mestre em Psicologia Clínica pela mesma universidade e especialista em Terapia Comportamental Cognitiva. Faz parte do grupo de pesquisa do Laboratório de Estudos Psicofisiológicos do Stress – PUC-Campinas (desde 2000), no qual atuou como bolsista do CNPq de iniciação científica e de apoio técnico.

CARLOS ROBERTO TRICOLLI PATARA

Graduado pela Faculdade de Ciências Médicas da Universidade São Francisco em 1987. Especialista em Pediatria pela Associação Médica Brasileira e Sociedade Brasileira de Pediatria. Especialista em Homeopatia pela Associação Médica Brasileira. Instrutor de Reanimação Neonatal pela Sociedade Brasileira de Pediatria. Médico Pediatra do Corpo Clínico do Hospital Novo Atibaia – AMHA desde 1989.

IRACEMA FRANCISCO FRADE

Graduada em Psicologia, especialista em Psicoterapia Breve e mestre pelo Departamento de Psicobiologia da Universidade Federal de São Paulo (Unifesp). Atualmente trabalha como pesquisadora e no atendimento a dependentes de álcool e outras drogas na Uded – Unidade de Dependência de Drogas (Departamento de Psicobiologia da Unifesp). Atua também como supervisora do curso a distância Supera, desenvolvido pela Secretaria Nacional de Políticas sobre Drogas (Senad), em parceria com a Unifesp.

JULIANO RODRIGUES AFONSO

Graduado em Psicologia, com formação em Terapia Comportamental Cognitiva pelo Instituto Pieron de Psicologia Aplicada. Docente do Centro de Técnicas Terapêuticas e Preventivas de Atibaia (CETEPEA) e do Centro Estadual de Educação Tecnológica Paula Souza (Etec Prof. Carmine Biagio Tundizi). Especializado em Saúde Mental da Infância e Adolescência pela Faculdade de Ciências da Saúde.

Dedico este trabalho com muito carinho aos meus pais, Zilda (*in memorium*) e Álvaro, e ao meu irmão, Vagner (com quem compartilhei minha adolescência), pessoas que contribuíram cada uma a sua maneira, para que eu aprendesse a lidar com o stress de modo produtivo, sendo capaz de abraçar novas causas e transformar ideias em realidade. E aos meus sobrinhos, Bruno, Caio e Gabriela os adolescentes de amanhã.

AGRADECIMENTOS

Quero agradecer em especial aos nossos pacientes, pais e educadores, que nos possibilitaram desenvolver os trabalhos necessários para viabilizar a organização de *Stress na Adolescência – Problema e Solução*.

À Marilda Lipp, a maior pesquisadora brasileira na área de stress, "minha orientadora", profissional competente e capaz de estimular a minha formação, até atingir o nível de organizar uma obra relevante e necessária a pesquisadores, clínicos, pais e educadores, que desejem se aprofundar no presente tema.

Aos colegas e amigos que fiz ao longo de todos esses anos como psicóloga, e em especial aos colaboradores desta obra.

O meu carinho e muito obrigada a todos!

Valquiria A. Cintra Tricoli

PREFÁCIO

O presente livro intitulado ***Stress na Adolescência: Problema e Solução*** consegue preencher de maneira exemplar uma importante lacuna existente no segmento. Em primeiro lugar, por dar espaço às implicações geradas pelo stress em nossos adolescentes. Talvez muitos profissionais ainda não tenham se dado conta de que, com o avanço para o século XXI, tantas pressões tenham se manifestado sobre uma população ainda tão carente de habilidades, piorando um cenário naturalmente já bem difícil aos nossos pequenos. Recentemente uma pesquisa apontou para o fato de que um jovem de 5 anos, por exemplo, experimenta exatamente o mesmo nível de ansiedade que viveu um paciente psiquiátrico adulto da década de 1950. Portanto, os dias de hoje realmente se tornaram mais complexos.

Em segundo lugar, sabe-se que a quantidade de informação gerada nos próximos 5 anos será maior do que aquela acumulada ao longo de toda a história da humanidade, ou seja, os pontos fixos dos valores, opiniões e condutas facilmente poderão tornar-se obsoletos. Assim sendo, nossos jovens estão no epicentro de um importante momento, tornando-se verdadeiras testemunhas oculares de uma sociedade em plena transformação. A rua deixou de ser ponto de encontro das atividades lúdicas e sociais, fazendo da Internet o novo espaço de vivências e convivências. Um recente relatório americano apontou um número de 600 milhões de jovens já registrados nos jogos multiusuários da Internet. Se ainda tínhamos alguma incerteza, não há mais dúvidas. Parece que tudo mudou mesmo.

Assim sendo, este livro torna-se uma peça fundamental para habilitar nossos profissionais a lidar com esta diversidade. Ele aborda os aspectos clínicos da adolescência, passando pelos sintomas, fontes, manejo e diagnóstico. Descreve os aspectos ligados ao estilo parental, uso de drogas até se chegar às implicações do stress para a escolha da vida profissional. Descrito de maneira simples, mas ao mesmo tempo muito clara e objetiva, a presente obra não abre mão da seriedade e do comprometimento com o saber científico.

Para concluir, desnecessário qualquer apresentação adicional de Valquiria Tricoli: profissional da mais alta estima e qualificação, unindo de maneira exemplar simpatia, conhecimento e humanidade. Seguramente uma obra que não deve deixar de ser lida.

Cristiano Nabuco de Abreu
Pós-doutorado em Psiquiatria pelo Departamento de Psiquiatria da FMUSP; Programa de Transtornos Alimentares (PRO-Ambulim) do Instituto de Psiquiatria do HC/FMUSP e Programa de Transtornos do Impulso (PRO-Amiti) do Instituto de Psiquiatria do HC/FMUSP.

Capítulo 1

ADOLESCÊNCIA – ASPECTOS CLÍNICOS

Carlos Roberto Tricolli Patara

CONSIDERAÇÕES INICIAIS

Este texto não tem a pretensão de esgotar tão vasto assunto nem descrever patologias, mas, sim, embasar o leitor de dados suficientes, do ponto de vista clínico, para compreender as mudanças que se operam, de forma rápida e dinâmica, em nossos adolescentes.

ORIGEM

A palavra adolescência vem do latim: *adolescentìa,* "adolescência, mocidade, a idade de mancebo".

Já nos vários dicionários encontramos os significados:

- Fase do desenvolvimento humano caracterizada pela passagem à juventude e que começa após a puberdade.
- Fase, momento de alguma coisa, que se caracteriza pelo viço, pelo frescor; juventude, mocidade.
- Período da vida humana que sucede à infância, começa com a puberdade e se caracteriza por uma série de mudanças corporais e psicológicas, entre outras.

DEFINIÇÕES

Segundo a Organização Mundial da Saúde, a adolescência é um período da vida que começa aos 10 anos de idade e vai até os 19 anos.

Já pelo Estatuto da Criança e do Adolescente (1990) (Lei nº 8.069, de 13 de julho de 1990, Título I, Art. 2º), começa ao completar 12 anos e vai até os 18 anos incompletos.

Em último censo realizado pelo IBGE no ano de 2007, temos no Brasil cerca de 37milhões de adolescentes, ou seja, 22% do total da população.

CRESCIMENTO E DESENVOLVIMENTO

As mudanças hormonais conferem notáveis alterações na massa muscular e óssea. Frases como "Nossa! Como você cresceu"; "Até ontem era uma menininha, hoje já é uma mulher", entre outras que tanto os aborrecem, expressam de maneira clara essa mudança repentina.

É durante a adolescência, que o indivíduo adquire aproximadamente 25% de sua estatura final e 50% de sua massa corporal, além da ocorrência de alterações na composição corporal, como, por exemplo, maior depósito de gordura em meninas e de massa muscular em meninos.

O desenvolvimento é aferido, basicamente, com a tomada de medidas como altura e peso e suas correlações com a idade cronológica. Claro que existem inúmeros métodos e tabelas, isoladas ou associadas, de forma mais completa, com o intuito de cada vez deixar mais exatos tais valores. O índice de massa corpórea ou IMC, por exemplo, é um deles. É calculado utilizando a fórmula matemática:

$$IMC = \frac{\text{Peso em quilogramas}}{\text{Estatura em metros X Estatura em metros}} = \frac{P(Kg)}{E^2(m)}$$

Identificados estes dados, compara-se com tabelas pré-existentes e então se classifica segundo os valores estabelecidos. Nas Tabelas 1 e 2, podem ser encontradas as classificações do IMC, para adolescentes do sexo masculino e adolescentes do sexo feminino.

Tabela 1. Classificação para adolescentes do sexo masculino

Idade	Baixo Peso	Normal	Sobrepeso	Obeso
11 anos	15,59	17,28	20,35	23,73
12 anos	16,06	17,87	21,12	24,80
13 anos	16,62	18,53	21,93	25,93
14 anos	17,20	19,22	22,77	26,93
15 anos	17,76	19,92	23,63	27,76
16 anos	18,32	20,63	24,45	28,53
17 anos	18,68	21,12	25,28	29,32
18 anos	18,89	21,45	25,92	30,02

Idade	Baixo Peso	Normal	Sobrepeso	Obeso
19 anos	19,20	21,86	26,36	30,66
20 anos	20,21	23,07	26,87	31,26

Fonte: Organização Mundial da Saúde (OMS)

Tabela 2. Classificação para adolescentes do sexo feminino

Idade	Baixo Peso	Normal	Sobrepeso	Obeso
11 anos	15,53	17,67	21,18	24,58
12 anos	15,98	18,35	22,17	25,95
13 anos	16,43	18,95	23,08	27,07
14 anos	16,79	19,32	23,88	27,97
15 anos	17,16	19,69	24,29	28,51
16 anos	17,54	20,09	24,74	29,10
17 anos	17,81	20,36	25,23	29,72
18 anos	17,99	20,57	25,56	30,22
19 anos	18,20	20,80	25,85	30,72
20 anos	18,64	21,46	26,14	31,20

Fonte: Organização Mundial da Saúde (OMS)

Em termos de crescimento, um fator extremamente difundido é o famoso "Estirão de Crescimento" ou "Estirão Puberal". Ocorre por motivos semelhantes: estímulos hormonais, mas em fases etárias diferentes para meninos e meninas.

Nas garotas, ocorre normalmente entre os 8 e 13 anos. Inicia com o aparecimento do broto mamário (telarca) e finda com a primeira menstruação (menarca). No ápice desta fase, as meninas ganharão aproximados 8 cm na estatura e 6 a 8 kg no peso, por ano. Já nos garotos, situa-se entre os 14 e 17 anos e é mais intenso no sentido da estatura, 10 a 12 cm e menor no peso, com cerca de 4 a 6 kg por ano.

É nessa fase que se diferem muito as orientações quanto à forma física e atitudes a serem tomadas. Por exemplo: meninas mais gordinhas tendem a ter dificuldade de emagrecer, pois a ação hormonal "molda" seu corpo, fixando tecido gorduroso em regiões como: nádegas, coxas, abdome e busto.

Este fato já deve ser acompanhado desde a tenra infância, com a tomada das medidas corpóreas regulares e nos devidos ajustes dos parâmetros alimentares e de incentivo à atividade física. Tudo isso para que, ao chegar a esta fase, a menina esteja com seu peso compatível à estatura e pronta para receber a ação dos hormônios.

Nos meninos encontramos situação diferente. Como temos aceleração vertiginosa do comprimento em altura, alguns "quilinhos" a mais se equilibrarão trazendo a sensação de perda de peso, embora isso seja falso. Na realidade o que ocorre é que a ação hormonal masculina agrega mais massa muscular e menos gordura ao corpo do adolescente.

AS NECESSIDADES NUTRICIONAIS DO ADOLESCENTE

Estão contidas em nutrientes que fornecem energia para compensar o gasto energético diário, que nesta fase tem suas peculiaridades (peso, altura, sexo, atividade física, genética, crescimento, entre outras).

Os nutrientes são obtidos por meio da ingestão balanceada de alimentos, divididos em macronutrientes (proteínas, gorduras e carboidratos) e micronutrientes (vitaminas e minerais).

Seguindo o Guia de Adolescência da Unifesp – EPM (primeira edição 2008), em termos de recomendação de macronutrientes (energia) na adolescência, temos uma característica muito mais fisiológica do que cronológica para o aporte nutricional, que utiliza os conceitos de Heald e Gong (1999), considerando o aporte energético/proteico em relação à estatura e com bases nos clássicos critérios de Tanner (1962), que será melhor descrito no item Maturação Sexual (no presente capítulo). A Tabela 3 exemplifica e quantifica em quilocalorias e gramas de proteína por centímetro de estatura as necessidades diárias de macronutrientes.

Tabela 3. Quilocalorias e gramas de proteína por centímetro de estatura as necessidades diárias de macronutrientes

	Idade (anos)	Estágios de Tanner	Quilocalorias/cm (Kcal)	Proteínas/cm (g)
Garotos	11 a 14	G1 e G2	15,9	0,29
	15 a 18	G3	17,0	0,34
	19 a 24	G4	16,4	0,33
Garotas	11 a 14	Menarca	14,0	0,29
	15 a 18		13,5	0,27
	19 a 24		13,4	0,28

Adolescência – aspectos clínicos

Em termos da distribuição dos macronutrientes, recomendam-se as seguintes proporções na dieta:

Gorduras	25 a 35%
Carboidratos	45 a 65%
Proteínas	10 a 30%

Quanto às gorduras, temos as benéficas como as monoinsaturadas e poli-insaturadas e as potencialmente maléficas que são as saturadas, além das tão temidas gorduras trans, conforme demonstrado na Tabela 4.

Tabela 4. Gorduras benéficas e maléficas

Monoinsaturadas	Abacate, óleo de canola, azeite de oliva, óleo de girassol, óleo de gergelim, óleo de amendoim.
Poli-insaturadas	Peixes e frutos do mar (ômega 3, 6 e 9), óleo de peixe, soja, grãos.
Saturadas	Óleo e derivados de coco, *bacon* e banha de porco, óleo de algodão, óleo de palma (dendê), carnes gordurosas e laticínios integrais.
Trans	As gorduras do tipo trans são encontradas em produtos industrializados, após o processo de hidrogenação de óleos vegetais com intuito de aumentar a crocância, período de validade, entre outros.

Os carboidratos, também fornecedores de energia como as gorduras, são encontrados nos cereais, pães, farinhas, mandioca, batata, massas, açúcares, doces e algumas frutas.

Na Tabela 5 são mencionadas as proteínas animais e vegetais, também chamados de alimentos construtores, que têm papel importante na "construção" do organismo, tanto estruturalmente como na defesa e na base de todos os hormônios, entre outras funções.

Tabela 5. Proteínas animais e vegetais

Animais	Carne bovina e suína (prefira os cortes magros), frango (modere o consumo de pele), peixe, ovos e laticínios.
Vegetais	Grãos de vagens como soja, feijão, grão de bico, lentilha, amendoim.

Os micronutrientes mais importantes, que são as vitaminas, podem ser visualizados na Tabela 6 e os minerais, na Tabela 7.

Tabela 6. Vitaminas

	Efeitos e Atuação	Fontes
Vitamina A	Efeito benéfico nos olhos, pele e mucosas, imunoproteção, aparelho reprodutor.	Gema de ovos, leite e derivados, vegetais verdes e amarelo-escuros, cenoura, abóbora, manga, pimentão, fígado.
Complexo B	Principal efeito nesta fase é na síntese das proteínas para o período de estirão de crescimento.	Carnes em geral, ovos, alimentos lácteos, produtos integrais, grãos, hortaliças folhosas, cereais.
Vitamina C	Proteção oxidante e absorção de ferro.	Frutas cítricas e hortaliças em geral.
Vitamina D	Aumento da massa óssea pelo auxílio na absorção de cálcio e fósforo.	Óleo de fígado de bacalhau, sardinha e salmão, gema de ovos, leite e derivados. Exposição solar.

Tabela 7. Minerais

	Efeitos e Atuação	Fontes
Cálcio	Necessidade diária é de 1,3 g, para retenção máxima nos ossos.	Leite e derivados.
Ferro	Devido à grande expansão muscular e perdas menstruais (2 mg/dia no menino e 7 mg/dia na menina).	Carnes em geral, todas as hortaliças folhosas verdes ou amarelo-escuras. Sempre acompanhados de vitamina C.
Zinco	Síntese proteica, atividade da insulina, metabolismo do ovário e testículos, além do fígado.	Carnes, fígado, frutos do mar, aves, leite, cereais integrais, feijões e nozes.

Não temos um alimento completo, exceção feita ao leite materno nos seis primeiros meses de vida. É muito importante uma dieta balanceada, colorida, saborosa e, quando necessária, a orientação de um profissional da área.

A AÇÃO HORMONAL

Quando nos referimos a adolescentes, imediatamente uma palavra surge em nosso pensamento: hormônios.

E é exatamente pelo papel fundamental que estes operam globalmente nos jovens que algumas definições são importantes.

Tudo começa no cérebro, numa região bem central onde encontramos duas estruturas importantes: o hipotálamo e a hipófise, conforme mostra a Figura 1.

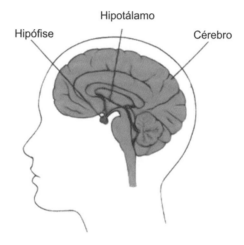

Figura 1. Região do hipotálamo e hipófise

O hipotálamo é o principal centro de ligação entre o sistema nervoso e o sistema endócrino, atuando na ativação de diversas glândulas, inclusive a hipófise, descrita mais abaixo. É ele que: controla a temperatura corporal, regula o apetite e o balanço de água no corpo, tem efeito regulador também no sono, está envolvido nas emoções (prazer, raiva, aversão e riso) e no comportamento sexual, conforme observado na figura 2.

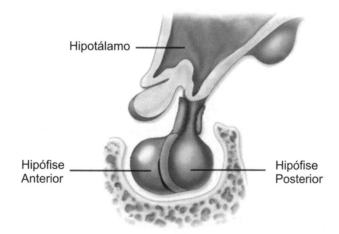

Figura 2. Hipotálamo e Hipófise

A hipófise, do grego *hypóphysis*, broto ou glândula pituitária, é um órgão pequeno, com volume de uma pequena noz, pesando por volta de 0,6 a 1 g. Ela se divide em: hipófise anterior ou adeno-hipófise e hipófise posterior ou neuro-hipófise. Seu controle é exercido pelo hipotálamo, por meio de substâncias químicas chamadas *releasing factors* (fatores de liberação).

A hipófise anterior ou adeno-hipófise produz os hormônios:

- somatotrofina ou hormônio do crescimento (GH);
- corticotrofina (ACTH), que tem atuação na glândula supra-renal, estimulando a liberação de outros hormônios, como:
    - aldosterona – regula a pressão arterial;
    - cortisol – atua no metabolismo de hidratos de carbono, proteínas e gorduras. E também em situações de stress;
    - androgênios – precursor dos hormônios masculinos.

- tireotrofina ou hormônio tireo-estimulante (TSH);
- gonadotrofinas   hormônio luteinizante (LH);
                     hormônio folículo-estimulante (FSH).
- lactotrofina ou prolactina (PRL) – estimula a lactação.

A hipófise posterior ou neuro-hipófise produz os hormônios:

- vasopressina ou hormônio antidiurético (ADH);
- ocitocina – que atua nos músculos lisos, aqueles em que não temos controle sobre sua contração, como: útero, mamas e até na modulação da ansiedade e na regulação das respostas neuroendócrina e cardiovascular.

A MATURAÇÃO SEXUAL

Para avaliar estas mudanças quanto a sua normalidade ou não, são usados vários protocolos de classificação, pois, na adolescência, a idade cronológica (em anos) deixa de ser um parâmetro seguro para a caracterização de um determinado indivíduo. Adolescentes de mesma idade podem, com alguma frequência, estar em estados diferentes na puberdade, pois o início e o ritmo de progressão são muito variáveis entre eles.

O protocolo mais difundido é o do Dr. Tanner, publicado em Oxford (Inglaterra), em 1962, no livro *Growth at adolescence.*

Este estudo compara, por meio de fotos, vários estágios de desenvolvimento de meninas e meninos, tendo como referência as mamas e os pelos púbicos no sexo feminino e os genitais e pelos púbicos no sexo masculino. As mamas e os genitais masculinos são avaliados quanto ao tamanho e à forma e os pelos por sua quantidade, distribuição e pigmentação.

Tabela 8. Maturação sexual feminina segundo Tanner (mamas – M)

Estágio M1 – Mamas infantis com elevação das papilas.
Estágio M2 – Broto mamário. Forma-se pequena saliência pela elevação da mama e papila. Aumento do diâmetro areolar.
Estágio M3 – Maior aumento de mamas e aréola, sem a separação de seus contornos.
Estágio M4 – Projeção da aréola e da papila, formando uma segunda saliência acima do nível da mama.
Estágio M5 – Mamas com aspecto adulto, retração da aréola para o contorno da mama.

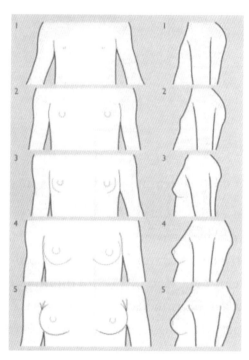

Figura 3. Maturação sexual feminina segundo Tanner (mamas – M)

Tabela 9. Maturação sexual feminina segundo Tanner (pelos pubianos – P)

Estágio P1 – Ausência de pelos grossos ou apenas lanugem.
Estágio P2 – Pelos esparsos e levemente pigmentados.
Estágio P3 – Pelos escuros, mais grossos e encaracolados.
Estágio P4 – Pelos como de adultos, porém com distribuição local.
Estágio P5 – Pelos como de adultos com distribuição até raiz das coxas.

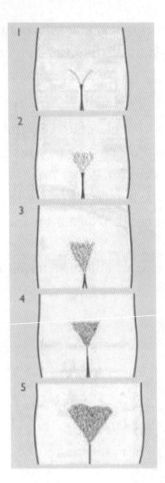

Figura 4. Maturação sexual feminina segundo Tanner (pelos pubianos)

Temos também, no caso das meninas, informações importantes para a classificação, como a data da primeira menstruação (menarca), que tem mais relação com as mamas do que com os pelos pubianos. Além disso, a velocidade de crescimento diminui drasticamente nessa condição, o que denota bastante atenção para aquelas moças de baixa estatura. De inúmeros artifícios dispõe hoje a medicina, para dirimir tais problemas e ajudar a adolescente e seus familiares nesta importante fase.

Na infância a vagina tem paredes finas e lisas, orifício estreito e cor avermelhada. Já com a ação hormonal, estrogênica, há um aumento no comprimento, as mucosas ficam rugosas e róseas, além do alargamento do orifício ou intróito vaginal. Secreções escassas e de cor clara são normais e habituais devido ao espessamento da mucosa e de suas estruturas componentes, que ocorrem pela ação hormonal.

O útero e os ovários acompanham este crescimento; ovários com tamanho igual ou maior que 1 cm^3 já é sinal indicativo de início da puberdade. A telarca (aumento das mamas) ocorre por ação do hormônio estrógeno com o depósito e acúmulo de gordura e aumento de suas estruturas internas.

Tabela 10. Maturação sexual masculina segundo Tanner (desenvolvimento genital – G)

Estágio G1 – Testículos, escroto e pênis de proporções infantis.
Estágio G2 – Aumento de escroto e testículos. A pele do escroto se torna avermelhada e muda de textura. Não há aumento visível do pênis.
Estágio G3 – Aumento do comprimento do pênis, com contínuo crescimento de escroto e testículos.
Estágio G4 – Aumento em diâmetro do pênis com desenvolvimento da glande. Testículos e escroto ainda em crescimento, com pigmentação.
Estágio G5 – Genitais adultos em tamanho e forma.

Tabela 11. Maturação sexual masculina segundo Tanner (pelos pubianos – P)

Estágio P1 – Ausência de pelos grossos ou apenas lanugem.
Estágio P2 – Pelos esparsos e levemente pigmentados.
Estágio P3 – Pelos escuros, mais grossos e encaracolados.
Estágio P4 – Pelos como adultos, porém com distribuição peri-peniana.
Estágio P5 – Pelos como de adultos com distribuição losangular.

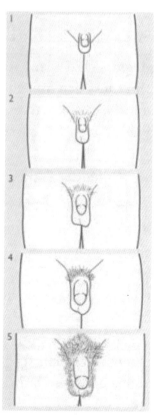

Figura 5. Maturação sexual masculina segundo Tanner (pelos pubianos – P)

No menino, a gonadarca, por ação da testosterona, faz aumentar o tamanho do pênis, testículos e da bolsa escrotal. Há também estimulação das glândulas sebáceas e apócrinas, que provocam o aparecimento de acne e sudorese com odor característico, respectivamente.

O desenvolvimento de pelos axilares, faciais e no restante do corpo se dá aproximadamente após dois anos do início da pilificação pubiana. E com isso, também por ação da testosterona, ocorre o engrossamento da voz.

A espermogênese (formação de espermatozóides) e poluções (ejaculações noturnas) ocorrem normalmente em fases mais adiantadas (G4), uma vez que os hormônios sexuais passam agora a ser produzidos também pelos testículos (e ovários no caso das meninas), além das glândulas supra-renais. Em suma, um turbilhão de fatos e mudanças que deixam suas marcas, físicas e psicológicas no desenvolvimento dos adolescentes.

A PUBERDADE PRECOCE E SEUS EFEITOS

O aparecimento dos sinais descritos no tópico anterior, antes dos 8 anos em meninas e dos 9 anos e meio nos meninos, indica o que chamamos de puberdade precoce. Segundo o Guia de Adolescência da Unifesp – EPM – primeira edição 2008, podemos classificar as causas de puberdade precoce em:

Tabela 12. Classificação das causas da puberdade precoce

Causas centrais – (devidas a problemas no eixo hipotálamo-hipofisário)
Puberdade precoce idiopática (sem causa determinada).
Puberdade precoce orgânica (tumores, malformações congênitas etc.).
Secundária à puberdade precoce de origem periférica.

Tabela 13. Classificação das causas periféricas da puberdade precoce

Causas periféricas – (por fatores externos ao eixo hipotálamo-hipofisário)
Hiperplasia adrenal congênita (deficiência nos hormônios cortisol e aldosterona e uma superprodução de andrógeno).
Tumores virilizantes ou feminilizantes.
Hipotireoidismo (pouca ou nenhuma produção de hormônio tireoidiano).
Síndrome de Mc Cunne-Albright (doença de causa desconhecida que acomete os ossos e a pigmentação da pele e provoca desenvolvimento sexual prematuro).
Esteróides sexuais exógenos (anabolizantes e afins).
Tumores secretores de gonadotrofina coriônica humana.
Cistos ovarianos.
Puberdade precoce familiar independente de gonadotrofinas (sexo masculino).

A avaliação criteriosa do pré-adolescente em termos físicos, metabólicos, laboratoriais e o apoio psicológico são de suma importância para a evolução e condução adequada do caso. Na grande maioria das vezes, requer acompanhamento por uma equipe multidisciplinar para o diagnóstico, tratamento e acompanhamento posterior.

O tratamento é realizado mediante o fator que desencadeia a precocidade, desde a suspensão de alimentos ou fármacos estimulantes, passando por uso de medicamentos inibidores até procedimentos cirúrgicos.

O RETARDO PUBERAL

Ao contrário da puberdade precoce, o retardo puberal ocorre quando não encontramos, no menino de 14 anos e na menina de 13, o desenvolvimento dos caracteres secundários descritos anteriormente.

Causas como tumores, doenças genéticas, infecções do sistema nervoso central, traumas encefálicos, malformações congênitas, radioterapia, doenças crônicas, stress, entre outros, participam da gênese deste quadro.

O tratamento é escolhido também de acordo com a causa, diferindo da variante precoce, na utilização de terapias com características mais estimulantes do que inibidoras.

Como amplamente divulgado e propagado, para ambos os casos, o diagnóstico precoce é garantia de evolução muito mais benigna. A isso se soma uma boa orientação e aconselhamento dos adolescentes e familiares, quanto ao tratamento e sua evolução, inclusive com o devido suporte psicológico.

A GRAVIDEZ NA ADOLESCÊNCIA

Todos os anos, segundo o DATASUS (2003), 1 milhão de mulheres com menos de 20 anos ficam grávidas no Brasil, e as internações entre gravidez, parto e pós-parto, nessa faixa etária, correspondem a mais de 80% do total nacional.

A adolescente, por estar ainda em formação, poderá apresentar problemas, entre outros, de crescimento e desenvolvimento, comportamentais, educacionais, além de complicações no parto.

Esse tipo de gravidez, na grande maioria dos casos, não foi planejada nem desejada. Acontece em meio a relacionamentos sem estabilidade. Envolve de maneira definitiva a adolescente gestante, seu parceiro (normalmente também adolescente) e os familiares de ambos.

A tão buscada e idealizada liberdade, acompanhada de certa falta de limite e responsabilidade, são motivos que favorecem a incidência de gravidez na adolescência.

Vários meios discutem sob todos os possíveis aspectos e pontos de vista o assunto, que é fartamente encontrado na mídia, em livros, revistas, *web* e publicações específicas.

Na nossa experiência hospitalar e de consultório, os dados estatísticos se repetem e não só mais nas classes menos favorecidas cultural e economicamente, como há algumas décadas. Ainda assim, a informação é importante aliada, porém nada se compara à presença familiar, não só física, mas com muito diálogo e principalmente com exemplos de vida e conduta.

APÊNDICE

Uma das situações em consultório que achei por bem acrescentar é a imunização, que nas crianças acaba por ser passiva, pois, mesmo relutantes, tomam suas vacinas em postos de saúde, durante campanhas levadas pelos pais ou responsáveis. Em razão de certa independência dos adolescentes e sua habitual resistência a esses "compromissos", árduas batalhas são travadas para convencê-los a receber as vacinas – tanto que em grande parte das vezes várias carteirinhas de vacinação, quando ainda existem e são legíveis, estão incompletas.

Encontra-se, na Tabela 14, o programa de vacinação para os adolescentes, proposto pela Sociedade Brasileira de Imunizações (2009).

Observe as vacinas da carteira de seus filhos. Compare com a tabela. Aquelas que não constarem devem ser realizadas sob a supervisão médica, ou mesmo diretamente no próprio posto de saúde.

Tabela 14. Programação das vacinas para os adolescentes

Vacina	Indicação	Dose	Aplicação	Contra-indicações	Reações	Observações
BCG	Qualquer idade	Única	Injetável	Lesão no local da aplicação	Nódulo local	Se não tiver nódulo, repita em 6 meses
Hepatite B	Qualquer idade	1 dose reforço c/ 2 e 6 meses	Injetável	Nenhuma	Dor local	Existe a vacina conjugada com o tipo A
Hepatite A*	Qualquer idade	1 dose reforço com 6 meses	Injetável	Alergia à albumina bovina ou alumínio	Dor local	Existe a vacina conjugada com o tipo B
Catapora*	Qualquer idade	Única até 12a reforço 2 meses para maiores	Injetável	Gravidez e imunodeprimidos	Dor local	Mulheres em idade fértil devem esperar 1 mês para engravidar.

Vacina	Indicação	Dose	Aplicação	Contra-indicações	Reações	Observações
Gripe* (Influenza)	A partir de 6 meses	Anual (outono)	Injetável	Alergia comprovada à proteína de ovo	Dor local	Composição varia a cada ano
Sarampo, caxumba e rubéola	Qualquer idade	Única c/ reforço c/ mínimo de 1 mês	Injetável	Alergia comprovada à proteína de ovo imunodeprimidos	Dor local	Mulheres em idade fértil devem esperar 1 mês para engravidar
Tétano e difteria	Qualquer idade	1 dose reforço c/ 2 e 6 meses e a cada 10 anos	Injetável	Nenhuma	Dor local e sensação de "peso" no braço	
Pneumocócica*	Risco de infecção	Única	Injetável	Nenhuma	Dor local	
Meningocócica*	Risco de infecção	Única	Injetável	Nenhuma	Dor local	
Febre amarela	Locais endêmicos	Única, reforço a cada 10 a	Injetável	Alergia comprovada à proteína de ovo imunodeprimidos	Dor local, febre, náuseas	A proteção começa em 10 dias
Hemofilus Influenza	Imunodeprimidos	Única, reforço s/n	Injetável	Nenhuma	Dor local	
Papilomavírus humano*	Para as jovens de 9 a 26 anos	1 dose reforço c/ 3 e 6 meses	Injetável	Gestantes	Dor e prurido local	Antes da primeira relação

*Obs.: algumas dessas vacinas não são disponíveis nos postos de saúde, sendo encontradas apenas em clínicas particulares.

Recomenda-se não realizar nenhuma vacina durante processo febril e cada caso deve ser individualizado e discutido com o médico-assistente.

CONSIDERAÇÕES FINAIS

Indubitavelmente as repercussões mais observadas e, por que não dizer, mais temidas nesta fase, são sem dúvida as comportamentais, visto que o viço da juventude explode em belos exteriores modelados ao sabor de hormônios e nutrientes, lapidados por exercícios e dietas, torneados sob bisturis e "lipos" nem sempre necessários, adornados com *piercings* e tatuagens e embalados por ritmos frenéticos e seus energéticos...

Ao contrário de muitos, torço para que a fase da adolescência seja longa e sempre cheia de suas "agradáveis" surpresas, pois é sem dúvida a última antes do vôo definitivo de nossos pequenos pássaros para o seu infinito e, por vezes, monótono cotidiano.

A própria euforia mediada por eventos sociais, ansiedades, hormônios, entre outras tantas causas, levam a situações de stress. Não necessariamente o stress patológico, mas, sim, àquele produtivo, que nos leva a abraçar novas causas, perseverar em ações para transformar ideias em realidade, sendo, portanto, situação normal. Quando a intensidade e a frequência das "crises" de stress forem excessivas e o corpo vier a apresentar sintomas físicos ou emocionais associados, devemos, além de ficar mais atentos, procurar ajuda profissional. Essas informações poderão ser encontradas nos capítulos que se seguem neste livro.

REFERÊNCIAS BIBLIOGRÁFICAS

IBGE. *Contagem da população — 2007*. Recuperado em novembro 2009, do http://www.ibge.gov.br/home/estatistica/populacao/contagem2007/contagem.pdf

DATASUS – Banco de dados do Sistema Único de Saúde – SUS. Recuperado em novembro 2009, do http://www2.datasus.gov.br/DATASUS/index.php (http://tabnet.datasus.gov.br/cgi/idb2003/folder.htm).

Lei n. 8.069, de 13 de julho de 1990. *Estatuto da criança e do adolescente*. Recuperado em novembro 2009, do http://www.planalto.gov.br/ccivil_03/LEIS/L8069.htm

Heald, F. P. & Gong, E. G. (1999) Diet, nutrition and adolescence. Em M. E. Shills et al. *Modern nutrition in health and disease* (pp. 857- 867). Baltimore: Lippinncott Williams & Wilkins.

Tanner, J. M. (1962). *Growth at adolescence. 2nd ed. Oxford: Blackwell Scientific Publications"*. Acesso em novembro 2009.

Vitalle, M. S. S. & Medeiros, E. H. G. R (2008). *Guias de Medicina Ambulatorial e Hospitalar da Unifesp – EPM – Adolescência – uma abordagem ambulatorial*. São Paulo: Manole.

World Health Organization. Recuperado em novembro 2009, do http://www.who.int/topics/adolescent_health/en/.

Capítulo 2

STRESS NA ADOLESCÊNCIA: SINTOMAS, FONTES E MANEJO[1]

Valquiria Aparecida Cintra Tricoli

Vamos iniciar definindo o que é stress. O stress não é uma doença; contudo, baixa a resistência do organismo e o indivíduo torna-se vulnerável às doenças de acordo com sua predisposição genética e estilo de vida. Assim sendo, Lipp (2000) definiu o stress como uma reação do organismo, diante de situações que excitem, amedrontem ou façam o indivíduo extremamente feliz. Esse evento promove a quebra da alostase dessa pessoa. Quando isso ocorre, há um desconforto físico e mental; é como se todo o organismo se desequilibrasse.

A seguir encontraremos um caso clínico que facilitará a compreensão prática do stress excessivo.

Mário[2] é um adolescente de 17 anos de idade, cursando o terceiro ano do ensino médio, filho único de pais separados há 12 anos, mora com a mãe e o padrasto; a família possui uma boa condição socioeconômica e cultural. É um jovem muito esforçado e interessado nos estudos e foi assim desde a infância. Com o término do ensino fundamental, decidiu mudar de escola, pois pretende cursar Medicina em uma faculdade pública. Assim, decidiu ir para uma escola definida pelo jovem como "forte". Os pais concordaram e, aos 15 anos, na primeira série do ensino médio foi para a referida escola. O desempenho escolar atendeu às expectativas e seu desempenho nos simulados apontavam para possível êxito no vestibular. Para que todo esse sucesso fosse alcançado, o jovem só estudava, parou de praticar esportes e não saía mais com os amigos. Como ele próprio definiu, "minha vida agora se tornou o estudo". Os pais acharam a atitude do adolescente louvável e sempre o incentivaram. No início do ano, o jovem começou a apresentar manchas na pele, pensou-se que fosse alguma micose, dermatite e não foi dada a devida atenção. Os problemas foram se intensificando e o corpo do adolescente começou a ter placas grossas, descamação e coceiras. Conclusão: estava com psoríase, diagnóstico feito por um dermatologista. Embora tendo sido

---

[1] Este capítulo foi baseado em Lipp, M. E. N. (2000). O stress da criança e suas consequências. Em M. E. N. Lipp (Org.). *Crianças estressadas – causas, sintomas e soluções* (pp. 13-42). Campinas: Papirus.
[2] Todos os casos clínicos mencionados neste capítulo são reais, no entanto, os nomes e os dados que poderiam identificar os adolescentes foram modificados, a fim de preservar o sigilo e a ética profissional.

medicado, a utilização da medicação não surtiu o efeito desejado. Para agravar o quadro, o adolescente começou a ter perdas de cabelos aos tufos e em algumas regiões de sua cabeça estava totalmente sem cabelo. O diagnóstico foi de alopecia areata. A família entrou em desespero, o jovem sentia-se muito incomodado, não queria ir à escola e já não conseguia produzir nos estudos. Até que uma amiga da mãe sugeriu que buscassem ajuda psicológica. O adolescente aceitou. Ao relatarem para o terapeuta o que estava acontecendo, foi levantada a hipótese de stress. Aplicou-se o material adequado para a avaliação de stress e realmente a hipótese foi confirmada: o adolescente encontrava-se estressado, em fase de exaustão ao stress, com predominância de sintomas fisiológicos.

Como se pode verificar, o adolescente desenvolveu um alto nível de exigência ao longo de três anos, tendo parado de praticar esportes, de conviver com os amigos e, como consequência, experimentou os efeitos do stress excessivo. Sendo assim, não se pode deixar de dar a devida atenção aos danos que o stress pode causar. Há muito material publicado sobre o stress em adultos e crianças (em menor proporção nestes últimos), mas só recentemente tem-se dado mais atenção ao stress dos adolescentes, pois a adolescência é um período muito turbulento, que envolve muitas mudanças e o grau de exigência torna-se cada vez mais alto, o que pode desencadear diversos problemas físicos e psicológicos, tais como: fracassos na escola e no vestibular; uso de drogas; problemas de conduta e de relacionamento social.

O stress dificilmente é tratado em sua origem, em geral, só os sintomas recebem atenção. Os médicos costumam tratar os sintomas, sem o devido questionamento do porquê os problemas se repetem, ou estão se agravando. É fundamental verificar se há uma debilidade no sistema imunológico e, se este parecer ser o problema, precisa-se atentar para a possibilidade de um stress agudo ou crônico estar presente. Cuidar do sintoma e do órgão afetado é extremamente importante; no entanto, verificar se o stress não está enfraquecendo o organismo é igualmente fundamental.

Os cuidados médicos, como o uso de medicações, são necessários; porém, se faz também importante ajudar o adolescente a entender o que se passa com ele e a desenvolver estratégias para administrar os fatores difíceis e conflitantes de sua vida. Tratar o sintoma do problema promove um alívio no desconforto atual, preserva a saúde física e mental, permite uma melhor qualidade de vida momentânea, mas não prepara o adolescente para lidar com o futuro. Haverá outras situações na vida desse jovem em que ele precisará saber lidar com o stress. Com o crescimento, as demandas tendem a aumentar, pois crescer significa preparar-se para ingressar no mundo dos adultos. Se não aprender um modo adequado de lidar com a vida, o adolescente vulnerável ao stress será provavelmente um adulto também vulnerável. Considerando-se a possibilidade de um adolescente estressado vir a se tornar um adulto estressado, torna-se muito relevante tratar o stress na adolescência, não somente para preservar o bem-estar e a saúde nessa fase, mas com o objetivo de garantir uma sociedade com adultos mais preparados para enfrentar as situações do seu dia a dia, considerando-se que vivemos no Brasil, que é um país em desenvolvimento e a população frequentemente está exposta a crises. Quando o stress é tratado adequadamente, não só o adolescente ou a criança, mas também o adulto poderá desenvolver o stress positivo, aprendendo a lidar com as situações de modo mais eficiente e, assim, utilizar o stress produtivamente.

Como já apontou Lipp (2000), o stress pode manifestar-se tanto no físico como no psicológico; por exemplo, quando uma pessoa está sob uma forte tensão, ela pode manifestar doenças que já ocorreram na família e para as quais tenha predisposição genética ou que adquiriu ao longo de sua vida (por exemplo, problemas na coluna vertebral etc.), o que se pode verificar no caso do Mário: como seu pai é portador de psoríase, o jovem, diante de uma forte pressão, veio a desenvolver a mesma doença, que ocorreu porque a resistência do organismo do jovem caiu e ele tornou-se vulnerável ao surgimento da doença para a qual possuía predisposição genética. Convém ressaltar que o aparecimento de ansiedade e depressão pode estar relacionado ao stress.

Ainda segundo Lipp (2000), considerando-se o fato de que o adoecimento precipitado pelo stress está muito relacionado às predisposições genéticas e adquiridas, pode-se entender o porquê dos sintomas não serem os mesmos para todas as pessoas. Cabe ressaltar que, embora no início os sintomas de stress sejam muito parecidos, com o enfraquecimento do indivíduo é que as diferenças começam a surgir. Para a referida autora, no início do processo de stress, tensão muscular, irritabilidade, mãos frias e coração acelerado aparecem na grande maioria das pessoas estressadas. Com o passar do tempo, surgem mais dois sintomas típicos: dificuldade com a memória e para levantar-se da cama e iniciar o dia. A partir de então, podem surgir pequenos acidentes, uso de drogas, dificuldade de concentração, gripes frequentes, problemas dermatológicos, depressão, irritabilidade, desânimo, apatia, problemas com a autoestima, ranger de dentes, diabetes, isolamento etc. Consequentemente, os problemas que surgem dependerão das características individuais de cada pessoa. Sendo assim, o stress torna-se individualizado.

O STRESS NA ADOLESCÊNCIA: SUAS CONSEQUÊNCIAS

Durante seu processo de desenvolvimento cognitivo, afetivo, social e emocional, o adolescente enfrenta diversos momentos de tensão que podem atingir níveis altos, às vezes transpondo sua maturidade e capacidade para administrar tais situações. Com isso poderá vir a experimentar os efeitos negativos do stress, mas cabe salientar que nem todos os adolescentes tendem a sofrer o problema com o stress excessivo. Para tanto, precisará de uma rede de apoio (familiares, amigos e/ou professores) que sirva de suporte, bem como de modelo para esse adolescente aprender como administrar e resolver problemas de modo satisfatório.

Se nas muitas situações pelas quais o adolescente passa, ele não aprender a lidar com o stress e não possuir a rede de apoio, poderá vir a se tornar um adulto vulnerável ao stress e, consequentemente, uma pessoa que poderá ser considerada suscetível a várias patologias. Convém ressaltar que mesmo os adolescentes mais sensíveis e que não adquiriram estratégias para administrar as tensões na infância podem vir a aprendê-las. É fundamental que as pessoas mais próximas, como pais e professores, possam servir de modelo, ensinando como administrar situações de tensão. Estudos comprovam que os estilos parentais têm sido uma das causas do stress na adolescência, bem como as atitudes dos professores. Compreende-se assim que pais e professores estressados servem de exemplo negativo e de fontes de stress para o jovem. Os adolescentes, por já estarem vivendo um momento de intensas mudanças em suas vidas, precisam de modelos adequados para aprender atitudes diante dos problemas de seu dia a dia. Vê-se, portanto, que pais e professores, são as figuras de maior importância na prevenção do stress na adolescência.

A INFLUÊNCIA DOS PAIS E O ESTILO PARENTAL

Com a ênfase no papel dos pais e nos estilos parentais (capítulo 4 do presente livro) no manejo do stress, torna-se necessário salientar que não é recomendada a superproteção, pois o que vem sendo observado atualmente é que pais "aplainam" o terreno da vida dos filhos, levando-os à dependência e à dificuldade para lidar com as pressões e frustrações, deixando-os frágeis e incapazes para lidar com situações que fazem parte dessa fase de vida. É importante que o adolescente entre em contato com o stress próprio desse momento de sua vida, a fim de que adquira estratégias para administrá-lo, bem como obtenha maior preparo para as situações que vivenciará na vida adulta. Convém destacar que a quantidade e o tipo de estressor a que está exposto é que precisam ser proporcionais à habilidade e maturidade para lidar com ele, pois o que se tem observado é um excesso de proteção na infância e a retirada abrupta dessa proteção na adolescência, com aumento de exigências e cobranças, ou o *continuum* de proteção que faz com que o adolescente não utilize essa fase como transitória para o seu crescimento e torne-se um adulto dependente, que não quer crescer e, sim, viver na "adultescência", não assumindo as responsabilidades que seriam peculiares aos adultos. Assim, um adolescente que for excessivamente poupado não terá chances para se preparar para o mundo atual, bem como um adolescente que ficar exposto ao stress em demasia não terá a oportunidade de adquirir estratégias de enfrentamento efetivas.

SINTOMAS DE STRESS NA ADOLESCÊNCIA

O stress na adolescência pode estar relacionado à origem de diversos problemas, tanto em nível orgânico como psicológico, por exemplo: depressão, ansiedade, comportamentos agressivos, dificuldades de relacionamento, isolamento, uso de drogas lícitas e ilícitas, dificuldades escolares, gripes frequentes, agitação motora, dores de cabeça, enxaqueca, dores nas costas, problemas dermatológicos, entre outros. Ressalta-se que, sintomas ou problemas isolados não podem ser considerados para o diagnóstico de stress na adolescência.

Quando o stress não é diagnosticado, pais e professores passam a criticar e cobrar mais o adolescente por seus comportamentos inadequados. A atitude de cobrança em situações como esta acaba por agravar o processo, pois se torna mais uma fonte de stress para o adolescente, que já está vivenciando uma fase com inúmeras mudanças e não compreende direito o que está acontecendo com ele. Para uma avaliação mais precisa, foi criada pela autora deste material e por Marilda Lipp (2006) uma escala que permite o diagnóstico diferencial de stress na adolescência, pois em muitas situações o próprio adolescente percebe estar estressado, mas não consegue descrever de modo preciso o que se passa com seu organismo, visto que o stress é uma reação complexa e, pelo desconhecimento ou banalização, ele se confunde dificultando o diagnóstico preciso.

O stress na adolescência ainda é pouco estudado, razão pela qual há poucos profissionais qualificados para o diagnóstico e intervenção. Há necessidade de programas especializados que possam ser aplicados para minimizar os efeitos negativos do stress, bem como sua prevenção, principalmente para os pré-vestibulandos, objetivando a utilização do stress de modo positivo, uma vez que adolescentes estressados podem adoecer, e os vulneráveis ao stress poderão se tornar adultos também vulneráveis. É importante salientar que alguns adolescentes são mais resistentes ao stress pela sua própria resiliência ou porque adquiriram estratégias de enfrentamento adequadas para administrar o stress na infância. Os pais e professores têm uma grande contribuição para todo esse processo, pois servem como modelos ou fontes geradoras de stress em termos de comportamentos, crenças e valores inadequados para o manejo do stress. Cabe ainda mencionar que algumas pessoas apresentam maior vulnerabilidade ao stress e, o meio em que vive somente vai favorecer o desenvolvimento de estratégias inadequadas ou a ausência das mesmas.

"VULNERABILIDADE": A PREDISPOSIÇÃO AO STRESS

A noção de "vulnerabilidade" inúmeras vezes se confunde com a de predisposição, pois, como bem explicou Lipp (2000), a segunda é capaz de gerar a primeira, de modo que muitas vezes aparecem juntas. Por exemplo: em uma pesquisa realizada por Alcino (1996), verificou-se que filhos de pais hipertensos, já aos 7 anos de idade, reagem ao stress interpessoal com elevações de pressão arterial quando comparados com crianças cujos pais apresentam níveis de pressão arterial normais. Isso evidencia uma probabilidade maior para que essas crianças venham a sofrer de hipertensão arterial. Por isso, na adolescência já estariam com esse problema instalado, em alguns casos inclusive fazendo uso de remédios hipertensivos. Para que esse problema pudesse ser evitado, essas crianças precisariam aprender a lidar com o stress desde pequenos, a fim de evitar os picos de pressão arterial frente às situações mais difíceis.

Pesquisas realizadas por Everly (1989) apontou que certas pessoas apresentam uma reatividade acentuada em nível fisiológico para gerenciar exigências psicossociais, que resultaria na produção excessiva de catecolaminas, testosterona e cortisol, favorecendo a vulnerabilidade da pessoa ao stress. É importante ressaltar a existência de crianças que passam por inúmeras dificuldades na vida, em situações consideradas até mesmo desumanas (violências, fome, guerra, perdas significativas) e que, mesmo assim, se tornam adolescentes e adultos extremamente capazes de lidar com os revezes da vida. No entanto, existem outras que, apesar de protegidas e cuidadas, são frágeis e se estressam facilmente.

Nos dias atuais, no atendimento a adolescentes, verificou-se que muitos deles são indivíduos que foram poupados de perdas na infância, que tiveram uma vida demasiadamente protegida e favorecida; razão pela qual não conseguem administrar situações que seriam inerentes a sua fase de vida. O exemplo de Maria (a seguir) mostra de modo claro essa situação.

Maria é uma adolescente de 17 anos, estudante do terceiro ano do ensino médio de um colégio particular, filha única, bonita, inteligente, com excelente desempenho acadêmico desde a infância, com muitos amigos que conservava desde a pré-escola. A garota, de repente, começou a ter taquicardia, sensação de tontura e desmaio, isolamento social e dificuldade para ir à escola, pois passava muito mal com tontura e dores de cabeça. Foi levada ao hospital e os exames clínicos não revelaram problemas físicos; sendo assim, foi encaminhada para avaliação psicológica. Na sessão com os pais já se identificou que Maria sempre teve tudo que quis, não sofrera jamais nenhum tipo de pressão, nas compras podia levar tudo, sem precisar escolher. Era bastante elogiada por sua beleza e desempenho acadêmico. Na primeira sessão, Maria falou sobre suas aflições: problema da pressão escolar quanto à escolha da profissão, a aprovação no vestibular em escolas públicas, o medo de não corresponder às expectativas, de ter que mudar de cidade e ficar longe dos amigos e dos pais. A psicóloga avaliou seu stress e verificou que estava em fase de quase exaustão e com sintomas mistos (psicológicos, fisiológicos e cognitivos). Como pode ser verificado nesse caso, Maria apresentou-se sem o preparo para enfrentar as exigências de seu momento, vulnerável e incapaz de dar sequência a sua vida, vindo a adoecer por medo do que teria que enfrentar a partir desse ano.

O caso ilustra a interação da predisposição e do modo como a pessoa foi criada. Essa interação pode acarretar a tendência crônica para estressar-se. A partir dessa vivência, se não fosse trabalhada adequadamente, Maria poderia se tornar uma pessoa isolada socialmente, com distorções cognitivas, sentindo-se incapaz de lidar com situações da vida. No entanto, pessoas vulneráveis como ela, podem desenvolver estratégias para lidar com o stress, ampliando a resistência aos estressores, desde que haja estímulo e treino para tal.

FONTES DE STRESS NA ADOLESCÊNCIA

Pesquisas demonstram que a prevalência de stress na adolescência pode estar relacionada a fatores internos e externos, como já apontou Lipp (2000), da mesma forma que ocorre com adultos e crianças. Embora as fontes de stress possam ser peculiares a essa fase, existem similaridades, como o fato inegável de que mudanças significativas são geradores de stress para as pessoas, independentemente da idade pois, promovem uma quebra da alostase do organismo. Para o adolescente, o que mais desencadeia o stress, segundo os pesquisadores Holmes e Rahe (1967), são a morte de um membro da família, prisão, último ano do ensino médio ou o primeiro ano da faculdade, gravidez (própria ou causada), ferimento ou doença pessoal grave, casamento e quaisquer problemas de relacionamento interpessoal. A seguir são listadas as fontes de stress encontradas mais comumente entre os adolescentes. Tais fontes foram identificadas durante o tratamento de inúmeros adolescentes, que apresentavam efeitos mais ou menos intensos, dependendo da história de vida e das estratégias de enfrentamento ao stress adquiridas por cada um.

Fontes externas de stress na adolescência:
- responsabilidades excessivas;
- mudanças significativas ou frequentes;
- excesso de atividades;
- exigência ou rejeição por parte dos colegas;
- morte na família, principalmente pais e irmãos;
- separação dos pais ou brigas frequentes;
- conflitos com os pais;
- certos métodos de ensino escolar;
- doença e hospitalização;
- perda da condição de vida;
- vestibular;
- escolha profissional;
- punições legais (situações de infrações legais);
- disciplina confusa em casa e na escola (ora pode algo e em seguida não pode mais);
- punições injustas;
- conflito com namorado (a);
- rejeição do par romântico;
- pais e professores estressados.

Indiscutivelmente, os fatores externos criam stress, mas muitas vezes é o próprio adolescente que o cria, por meio de características pessoais, de sua história de vida e mensagens de socialização recebidas desde a infância. Tais fatores são denominados "fontes internas de stress". Como se pode verificar, é algo que ocorre no interior do indivíduo e que desencadeia um determinado modo de pensar, sentir e agir que origina o stress, conforme mencionado por Lipp (2000).

Fontes internas de stress:
– ansiedade;
– timidez;
– autoestima;
– insegurança;
– desejo de agradar;
– medo do fracasso;
– preocupação com as mudanças físicas;
– dúvidas quanto à inteligência, capacidade, beleza etc.;
– medos relacionados à exposição ou rejeição social;
– sentimento de injustiça sem ter como defender-se;
– desacordo entre as expectativas e exigências de sucesso e o verdadeiro potencial.

A seguir serão abordados alguns desses fatores.

– Ansiedade – pode manifestar-se tanto no físico (taquicardia, dor de cabeça, falta de ar, mãos frias e molhadas, vômito, tontura, vertigem, sensação de desmaio, inquietação motora etc.), como no emocional (medo, excesso de preocupações, sensação de que algo ruim vai acontecer, irritabilidade, dificuldade de prestar atenção, de concentração etc.). De uma forma ou de outra, ela acaba interferindo nas tarefas diárias do jovem e pode vir a abalar o seu desempenho escolar.

A ansiedade é considerada uma fonte de stress, pois as pessoas que possuem essa propensão acabam criando seu próprio stress pelo modo como captam os estímulos à sua volta. Pode obedecer a: predisposição genética, padrão aprendido a partir de estímulos do ambiente e modelos, antecipação de fracasso, agressividade ou hostilidade reprimida em relação a alguma figura significativa em sua vida (pais, professores, colegas, irmãos, entre outras), sensação de desamparo etc (Lipp, 2000). Por outro lado, a ansiedade pode ser um sintoma de stress excessivo, bem como de outros sintomas, sem que precise ter uma predisposição para desenvolvê-la. Assim, vê-se que a ansiedade pode ser uma fonte geradora de stress ou um sintoma do stress excessivo.

– Escolha profissional – é uma grande preocupação para os adolescentes e seus pais, pois acarreta pressões familiares e sociais e, nesse momento de intensas mudanças, o adolescente precisa responder: "qual é a carreira que devo seguir?" (maiores informações podem ser encontradas no capítulo 6).

– Sentimento de injustiça sem ter como defender-se – o adolescente tem muita dificuldade em administrar as consequências, pois ele acredita que, na grande maioria das situações, a responsabilidade é dos outros, de modo que ser responsabilizado e, ainda, por algo que não fez e não ter como defender-se gera uma forte pressão interna, capaz de desencadear o stress excessivo e com isso vir a apresentar comportamentos de oposição, agressividade etc.

– Preocupação com as mudanças físicas – a adolescência coincide com a puberdade e, desse modo, as mudanças físicas se processam e, como bem diz Pilnik (1985):

"a estranheza de ver seu corpo dia a dia se modificando ora com novos pelos, ora com espinhas, alongamento dos braços e pernas, nariz e boca, perdendo as características infantis para portar desajeitadamente um físico semiadulto, além das pressões internas hormonais e sexuais bastante intensas, é difícil e inibitório para o jovem (p. 33)".

Atualmente, em nossa cultura, há um grande culto ao corpo e à beleza, fato que acaba sendo mais uma fonte geradora de stress, pois o adolescente, com o corpo em formação, tem pressa, quer resultado rápido, o que pode propiciar o desenvolvimento de transtornos alimentares, a prática esportiva excessiva, a utilização de anabolizantes, as cirurgias plásticas etc., que podem desencadear problemas mais sérios a longo prazo.

– Desacordo entre as expectativas e exigências de sucesso e o verdadeiro potencial – o adolescente hoje acaba exigindo demais dele mesmo, pois desde muito cedo se transmite a mensagem da competitividade, criando-se, assim, uma grande expectativa, como verificou Zagury (2000) em uma pesquisa que apontou que os jovens desejam conciliar na escolha profissional salário alto com mínimo esforço, aliado a uma atuação social. E, ainda, o desejo de ascensão econômica e social sem estrutura para tal, deixando de lado a real condição socioeconômica da família.

– Medos relacionados à exposição ou rejeição social – para o adolescente, a aceitação grupal é de fundamental importância, o que inclusive desencadeia a prática de certos comportamentos ou infrações para poder pertencer a grupos sociais. O medo de ser ridicularizado ou não se sentir pertencente ao grupo é uma fonte geradora do stress excessivo para os jovens.

CONSEQUÊNCIAS DO STRESS EXCESSIVO

O diagnóstico eficiente e adequado do stress é muito importante, pois, além de propiciar o tratamento, como apontou Lipp (2000), apresenta outras implicações relacionadas às consequências que o stress pode trazer ao adolescente de imediato e para sua vida adulta, visto que é nessa fase que os transtornos de personalidade se "formatam" e alguns problemas físicos mais sérios podem se instalar sem reversão. Desse modo, essas consequências podem ser físicas, emocionais e sociais.

Consequências físicas

O stress, quando é intenso e/ou prolongado, faz com que as glândulas suprarrenais passem a produzir corticosteroides em grande quantidade. Com o aumento dessas substâncias no organismo, o sistema imunológico é diretamente afetado, o que acarreta a redução da resistência, deixando o organismo vulnerável ao desenvolvimento de doenças contagiosas e infecciosas (gripes, viroses, infecções diversas etc.). Concomitantemente com esse enfraquecimento, doenças a que o indivíduo poderia ter predisposição, mas que ainda não haviam se manifestado, podem ser desencadeadas (diabetes, hipertensão, problemas dermatológicos, entre outros).

Consequências emocionais

Na adolescência problemas emocionais podem se instalar e prolongarem-se na vida adulta. O stress excessivo pode favorecer o uso de drogas, os comportamentos de risco, a agressividade, a depressão. E até mesmo desencadear os transtornos alimentares, ansiosos e de personalidade.

Problemas escolares são muito comuns e surgem em decorrência da dificuldade de atenção e concentração, acarretando o desinteresse pelo estudo, o que vai interferir no preparo para a vida adulta.

Consequências sociais

O adolescente se crescer vulnerável ao stress, ou com inúmeras sequelas geradas nesse período de desenvolvimento, não estará preparado para as novas exigências que virão pela frente quanto a trabalho, família, produtividade, enfim, inserção no grupo social. Além do prejuízo que ele próprio vivenciará também se tornará improdutivo para a sociedade e para o país.

MANEJO DO STRESS NA ADOLESCÊNCIA

Como verificado anteriormente, saber lidar com o stress é fundamental para uma vida mais saudável. Sendo assim, podemos intervir no stress em nível preventivo (quando o stress não está instalado) e terapêutico (quando o adolescente já apresenta quadro de stress e se faz necessária uma intervenção), como será explicado a seguir.

Prevenção

A rede de apoio é fundamental para a prevenção de stress na adolescência. Organiza-se com a presença dos pais, a participação da família na vida do adolescente, as práticas parentais positivas, o modelo adequado para a resolução de problemas, o diálogo, a aceitação dessa etapa de desenvolvimento mesmo em situações de crise e afeto genuíno. Pais que permitem que os filhos vivenciem desafios de modo a se sentirem apoiados e protegidos, não superprotegidos, estão favorecendo e muito a prevenção de stress do adolescente.

Mostrar para o jovem que as situações da vida podem ser resolvidas de modo prático, sem fazer "tempestade em copo d'água", serve de modelo para que ele enfrente o dia a dia de modo mais simples.

O adolescente precisa encontrar algo que seja estimulante, que gere nele "paixão" para sentir-se motivado por algo positivo, que o complete ao mesmo tempo em que o relaxe e ocupe seus pensamentos (um esporte, um instrumento musical, alguma atividade artística podem ser de grande importância para estimular o adolescente).

Os professores são muito importantes nessa fase, pois são modelos e, tendo disposição para estar com o jovem, podem estimulá-lo a despertar o seu interesse por uma área, o que poderá favorecer a escolha de sua futura profissão.

Como bem diz Rubem Alves (1995), os adolescentes se assemelham às maritacas que vivem em bando, usam o mesmo tipo de roupas e, quando chegam, fazem o maior barulho. Este educador descreve o quanto fazer parte de um grupo sentir-se aceito e integrado é fundamental para o adolescente. Assim, a escolha do grupo e as influências desse grupo poderão ser mais um ponto forte nessa rede de apoio se esse adolescente pertencer a um grupo capaz de lhe trazer experiências positivas.

A prevenção do stress na adolescência envolve diversas frentes que precisam estar em harmonia.

Além dos aspectos psicológicos, a prevenção do stress na adolescência envolve a aquisição de hábitos de vida saudáveis, no que se refere à alimentação, horário de sono, atividade física e lazer.

Intervenção

Quando o adolescente já se encontra sob os efeitos negativos do stress, é aconselhável que busque ajuda de um profissional especializado e, ainda, reduza a pressão que se encontra sobre ele, seja ela de qualquer tipo. No entanto, isso não significa que deva ser poupado de tudo, pois, se isso ocorrer, não desenvolverá as habilidades necessárias para lidar com o stress. Convém ressaltar que o stress deve ser proporcional à maturidade cognitiva, bem como à socioafetiva e à idade do adolescente. Se não for possível essa proteção ao stress excessivo, há a necessidade de fortalecê-lo, possibilitando-lhe estratégias para que possa lidar da melhor maneira com a situação. No entanto, é fundamental que na tentativa de ensinar o jovem a enfrentar a dificuldade, não se prejudique a aprendizagem do enfrentamento do stress. Por exemplo: em situações de stress interpessoal, não adiantaria somente ensinar o jovem a relaxar, há necessidade de planejar um treino em habilidades sociais e assertividade, para que realmente esse trabalho se torne efetivo.

Diante de tudo isso, surge uma questão: como ajudar o jovem a enfrentar o stress de modo efetivo?

Inicialmente se faz necessário que o jovem e seus pais entendam o que se passa com ele. Explicar o que é o stress e como ele se manifesta é a primeira atitude. É bom deixar claro que tudo o que ele está sentindo é resultado do stress e que, quando estiver sob controle, se sentirá melhor novamente. É necessário muita paciência ao se lidar com uma pessoa estressada, principalmente se for um adolescente, pois seu momento já é de extremas mudanças, inclusive hormonais, e que tendem a se acentuar sob os efeitos do stress excessivo. A seguir, serão apresentadas algumas dicas, baseando-se em procedimentos mencionados por Lipp (2000) para crianças e associados à experiência clínica da autora – dicas que poderão ajudar no trabalho com adolescentes que se encontram sob os efeitos negativos do stress excessivo.

Dicas para ajudar o adolescente estressado:
1. Procure identificar as fontes de stress a que o adolescente possa estar exposto: analise com minúcia e objetividade o que mudou na vida dele recentemente ou o que está para acontecer e que poderia estressá-lo.
2. Avalie se os estressores presentes na vida dele são proporcionais à idade e à maturidade cognitiva e socioafetiva. O excesso de stress pode ser danoso.
3. Possibilite a conversa do jovem com alguém que saiba ouvi-lo de modo acolhedor e empático, sem críticas ou cobranças, viabilizando a busca de soluções para o problema.
4. Quando possível, procure reduzir a pressão sobre ele; se não for possível, ajude-o a ver a realidade de modo mais adequado.
5. Evite discussões e assuntos trágicos em sua presença, pois ele pode estar com a sensibilidade aumentada e vir a reagir de modo inadequado.
6. Diminua as cobranças, permitindo-lhe fazer as coisas em um ritmo mais lento.
7. Enfatize que tudo vai passar e que ele vai ficar bem novamente. Evite dramas. Não fique falando do problema a todo instante e, se o adolescente vier a falar sobre o que o aflige, procure ouvir e, se possível, ajudá-lo.
8. Estimule a prática de atividades físicas, não competitivas, que possam favorecer o relaxamento e o extravasamento da raiva e da angústia.
9. Permita que veja TV, realize leituras paradidáticas e interaja com os colegas.
10. Oriente-o a evitar jogos no videogame e no computador que estimulem a raiva e a agressividade.
11. Ensine técnicas de relaxamento para que ele possa praticar diariamente, ou estimule-o a praticar ioga, meditação etc.
12. Estimule-o a fazer uso de uma alimentação saudável (frutas, sucos, leite, verduras e legumes).
13. Transmita tranquilidade e a certeza de que o stress vai passar e que ele ficará bem.

REFERÊNCIAS BIBLIOGRÁFICAS

Alcino, A. B. (1996). *Stress social e reatividade cardiovascular infantil: um estudo psicofisiológico.* Dissertação de mestrado, Departamento de Psicologia Clínica da Pontifícia Universidade Católica de Campinas, Campinas, SP, Brasil.

Alves, R. (1995). Sobre as Aves e os Adolescentes. Em Alves, R. (Org), *Sobre o Tempo e a Eternidade* (pp. 25-27). Campinas, SP: Ed. Papirus.

Everly, G. S. (1989). *A clinical guide to the treatment of the stress response.* New York: Plenum Press.

Holmes, T. H. & Rahe, R. K. (1967). *Type a Behavior and Your Heart.* New York: Alfred A. Knopf.

Lipp, M. E. N. (2000). O stress da criança e suas consequências. Em M. E. N. Lipp (Org.). *Crianças estressadas – causas, sintomas e soluções* (pp. 13-42). Campinas: Papirus.

Pilnik, C. P. (1985). Psicologia do adolescente: seu meio e sua família. Em I. Zekcer. *Adolescente também é gente* (pp. 28-38). São Paulo: Summus.

Tricoli, V. A. C. & Lipp, M. N. E. (2006). *Escala de Stress para Adolescentes – ESA.* São Paulo: Casa do Psicólogo.

Zagury, T. (2000). *O adolescente por ele mesmo* (11ª ed.). Rio de Janeiro: Record.

Capítulo 3

DIAGNÓSTICO DO STRESS NA ADOLESCÊNCIA

Valquiria Aparecida Cintra Tricoli

Ao longo deste capítulo, pretende-se fornecer ao leitor as informações para o diagnóstico de stress na adolescência.

ADOLESCÊNCIA E STRESS

Para identificar o stress na adolescência, é necessário verificar os elementos relacionados ao stress nessa fase. Os referidos elementos geradores de stress podem ser de ordem interna ou externa, acoplados à sintomatologia de stress peculiar a esta fase de desenvolvimento.

Quando o diagnóstico de stress baseia-se na sintomatologia, há necessidade de que os sintomas estejam presentes em um conglomerado e por um determinado período de tempo, ou seja, sintomas isolados e passageiros não podem servir como base para se considerar o adolescente como estressado. É necessário considerar ainda a inexistência de outra patologia associada aos referidos sintomas. As alterações isoladas apresentadas pelo adolescente não podem configurar o diagnóstico de stress, por isso houve a necessidade de se construir uma escala específica para essa fase de desenvolvimento, a fim de que realmente uma avaliação mais precisa pudesse ser realizada por clínicos e pesquisadores.

Sendo assim, é fundamental saber conceituar o stress na adolescência, conhecer as possíveis fontes, bem como a sintomatologia característica dessa fase de desenvolvimento, para ampliar a compreensão do que é necessário observar para atribuir ao adolescente o diagnóstico de stress.

Como acontece com os adultos e as crianças, quando há uma excitação, diversas reações bioquímicas são desencadeadas, alterando o funcionamento de quase todas as partes do organismo. Nesse momento as atividades neurovegetativas controladas pelo sistema nervoso parassimpático são inibidas e o organismo prepara-se para reação de "luta ou fuga" (Lipp, 2000). Em um nível adequado, é importante que esse processo seja desencadeado, pois favorece ao indivíduo tomadas de melhores decisões, prontidão para aprender, aumento de ânimo, de alegria, de produtividade e de vigor. Nessa dosagem, o stress é considerado saudável, positivo, pois prepara o adolescente para atuar diante dos eventos e das exigências de seu dia a dia.

O início da manifestação de stress, quando o equilíbrio interno do organismo é rompido, é bastante semelhante em todas as pessoas: taquicardia, sudorese excessiva, tensão muscular, boca seca e sensação de alerta. Com o processo mais avançado, é que ocorrem as diferenças, conforme a combinação com a herança genética e os pontos de enfraquecimento desenvolvidos pelo indivíduo no decorrer de sua vida, segundo Lipp e Malagris (2001).

Um adolescente com alto grau de exigência diante de uma situação de avaliação pode manter alguns sintomas da fase inicial do stress (alarme/alerta) até que esta avaliação (prova, vestibular) ocorra e ele verifique o resultado ou mesmo se veja diante das questões e se sinta capaz ou não de solucioná-las. Posto isto, se o resultado contemplar suas expectativas, a sintomatologia desaparecerá, todavia, se não for satisfatória, o adolescente poderá aumentar seu nível de stress. Os sintomas poderão se intensificar, e, se o equilíbrio interno não for retomado, o processo negativo de stress tende a se instalar e o indivíduo poderá se deparar com os efeitos nocivos do stress.

Como apontou Lucarelli (2000) em seu estudo com crianças, o stress também pode se estender por um longo período e se tornar mais intenso. Isso ocorre também com o adolescente quando uma situação considerada estressante perdura, ou quando ele não consegue perceber o que está acontecendo consigo. Essa duração mais prolongada pode desencadear sérios problemas ao adolescente, pois a sintomatologia tende a se agravar e a demora é maior para que o organismo se reequilibre, o que exige dele um maior desgaste na tentativa de adaptar-se à situação estressante. O vestibular é algo que ilustra bem essa situação, pois, no terceiro ano do ensino médio, o adolescente costuma ficar o ano todo se preparando para o momento das provas, o que pode levá-lo a experimentar os sintomas do stress excessivo e inclusive comprometer seu desempenho no momento do vestibular.

Portanto, o diagnóstico de stress na adolescência contribui para orientar as intervenções, propiciando a redução de stress, que poderá evitar o desenvolvimento de patologias e problemas provocados pela presença do stress excessivo. À medida que o adolescente consegue perceber e identificar suas fontes de stress e desenvolver habilidades adequadas e eficientes para lidar com as situações difíceis no seu dia a dia, poderá manejar o stress de maneira satisfatória, utilizando-o a seu favor, de modo positivo.

SINAIS DE STRESS

As pessoas ligadas direta ou indiretamente ao adolescente (pais, educadores, psicólogos, médicos) precisam manter-se atentas às sugestões de avaliação do stress ao longo dessa fase de desenvolvimento, pois poderão verificar o papel dessa condição na saúde física e psicológica do jovem, bem como seu desempenho e produção acadêmica. Tais aspectos estão ligados a fatores ambientais, psicológicos e biológicos. Apesar de visões e focos diferentes, esses aspectos podem esclarecer as reações do adolescente, pois situações geradas pelo ambiente podem exceder a sua capacidade adaptativa e resultar em mudanças sérias em nível comportamental e afetivo, o que poderá deixá-lo vulnerável ao desenvolvimento de patologias de ordem física e/ou psicológica, uso de drogas, comportamentos de risco etc (Lucarelli, 2000).

Na adolescência, o jovem fica exposto aos estímulos ambientais e sociais diretamente, assim, podemos identificar a presença de stress de forma indireta, verificando os fatores estressantes a que foi submetido e que antecedem o quadro de stress. Os eventos estressantes que ocorrem fora do indivíduo sobre os quais ele não possui controle são denominados fontes externas. Acredita-se que o nível de stress experimentado pelo adolescente está relacionado ao acúmulo de mudanças que ele teve que enfrentar em um período de um ano, como apontou Holmes e Rahe (1967).

Diversos estudos nessa área demonstram que as mudanças de vida contribuem muito para o stress excessivo, acarretando o surgimento de doenças em nível físico e/ou psicológico, gerado pelo desgaste do organismo para atender às exigências adaptativas. Os mesmos estudos apontam que o nível de stress relaciona-se à magnitude dos estressores e não à qualidade. Sendo assim, a reação do adolescente pode ser a mesma diante de situações positivas, como, por exemplo, passar no vestibular, ou de negativas, como a reprovação no vestibular, que seria outra situação relacionada ao mesmo fato. A mudança estaria somente relacionada à qualidade do evento, um positivo e o outro negativo.

Nesse contexto, a maneira mais adequada e precisa para avaliar o stress ocorre por meio de escalas que permitem precisar o nível de stress a que o adolescente está submetido e qual a probabilidade de ele vir a adoecer física ou psicologicamente.

Um exemplo de instrumento que pode avaliar os acontecimentos bons ou ruins que ocorreram na vida do adolescente, considerando os últimos 12 meses e que exigiram deste uma maior energia adaptativa, que gerou o aumento da probabilidade de ser acometido por problemas de saúde é a "Escala do Estudante", elaborada pelos pesquisadores Holmes e Rahe (1967). A escala é composta por 28 eventos da vida, sendo que cada evento possui uma pontuação a partir de 100 pontos (morte de um membro íntimo da família), considerado o pior para essa fase, passando por diversas outras situações, com diferentes pontuações, até a menor pontuação, que é cotada por 11 pontos (menores violações da lei), avaliado como a menor fonte de stress na adolescência.

A soma da pontuação referente a cada evento estressor é que vai dar a probabilidade de o adolescente adoecer em decorrência da redução de resistência do organismo, que o deixa vulnerável para o desenvolvimento de problemas de saúde, em decorrência do stress. Essa probabilidade pode ser média, moderada ou severa. Um total de até 150 pontos indica que a carga de stress atingiu nível médio. Uma somatória dos pontos entre 150 e 300 indica que o adolescente tem uma probabilidade acima da média de apresentar alguma sintomatologia. Quando a pontuação estiver acima de 300, significa que há uma forte probabilidade de o adolescente vir a apresentar problemas de saúde ou de comportamento, em virtude do nível excessivo de stress a que está exposto no momento. A seguir poderemos encontrar a escala desenvolvida por Holmes e Rahe, salientando, contudo, que é um material que não possui validação e não é padronizado para a população brasileira. Além disso, serve como dado qualitativo e indicativo dos eventos aos quais o adolescente possa estar exposto e, por isso, sofrendo os efeitos do stress excessivo.

ESCALA DO ESTUDANTE

Assinale as situações pelas quais você (adolescente) passou nos últimos 12 meses:

Assinalar	Eventos da vida	Pontos
	Morte de um membro íntimo da família	100
	Privação da liberdade (medida socioeducativa)	80
	Ano final ou 1° ano da faculdade	63
	Gravidez (sua ou causada por você)	60
	Ferimento ou doença pessoal grave	53
	Casamento	50
	Quaisquer problemas interpessoais	45
	Dificuldades financeiras	40
	Morte de um amigo íntimo	40
	Discussão com seu colega de quarto (com frequência)	40
	Maiores desacordos com sua família	40
	Mudanças significativas nos hábitos pessoais	30
	Mudança no ambiente em que vive	30
	Início ou término de emprego	30
	Problemas com seu patrão ou professor	25
	Sucesso pessoal proeminente	25
	Reprovação em algum curso	25
	Exames finais	20
	Namoro (início ou término)	20
	Mudança nas condições de trabalho	20
	Mudança em seu interesse (por algo)	20
	Mudança nos hábitos de dormir	18
	Férias de vários dias	15
	Mudança nos hábitos de comer	15
	Reunião em família	15

	Mudança em atividades recreativas	15
	Ferimento ou doenças menores	15
	Menores violações da lei	11

Probabilidade de ocorrência de problemas de saúde
Moderada (150 – 199 pontos)   37%
Média (200 – 299 pontos)   51%
Severa (300 pontos)   79%

Convém ressaltar que a avaliação do stress precisa ser ampla, sendo assim, além dos itens apresentados na escala, outros eventos podem ser considerados estressantes por significarem mudanças na vida do adolescente e devem ser verificados, de modo a ampliar a avaliação, como já mencionou Lucarelli (2000) para crianças. São eles:

– Transformações decorrentes das fases de desenvolvimento do adolescente, em nível físico, cognitivo e social: determinadas transformações são esperadas devido a questões hormonais (como pode ser verificado no capítulo1 do presente livro); no entanto, tais transformações vão exigir do adolescente inúmeras adaptações às diferentes situações que surgirão. Um caso que pode ilustrar essa situação foi o de uma adolescente que teve sua menarca (primeira menstruação) aos 13 anos e passou a esconder essa situação da mãe por seis meses, guardando as roupas sujas no armário.

– Atividades em excesso: muitas vezes a necessidade do preparo para o mercado profissional acarreta a inserção na rotina do adolescente de um excesso de atividades extracurriculares. O que se percebe é que o adolescente realiza as atividades sob pressão, com muito esforço, ou começa a faltar, não conseguindo corresponder às demandas. As atividades complementares são realmente importantes ao preparo do adolescente para a vida profissional; no entanto, a sobrecarga pode desencadear o surgimento do stress excessivo, gerando comportamentos inadequados, tais como: mentira, agressividade, irritabilidade, apatia, hostilidade etc.

– Brigas e/ou separação dos pais: essa situação geralmente provoca no adolescente a ansiedade decorrente da ameaça que sente da perda do lar e da estrutura que possui, bem como, muitas vezes, se sente responsável pela situação.

– Carga de responsabilidade e expectativas adultas atribuídas ao adolescente: a falta ou o excesso de responsabilidade pode ser fonte geradora de stress, pois o adolescente precisa ter responsabilidade e atividades que sejam de sua rotina diária, por exemplo: arrumar a cama, tratar do animal de estimação etc. – o que o envolverá no dia a dia familiar. No entanto, o excesso de expectativa ou cobrança poderá gerar irritabilidade, agressividade, pensamentos de ser incapaz de atender às expectativas a ele impostas, bem como a ausência de exigência favorecerá o desenvolvimento do egoísmo, o desinteresse pelos outros e a exigência constante de que suas necessidades sejam atendidas.

– Estilo parental: as exigências excessivas por parte dos pais, as críticas e os conflitos constantes, disciplina confusa geram no adolescente a sensação de que, por mais que faça, não satisfaz as expectativas dos pais e promove um afastamento entre pais e filhos que pode acarretar a hostilidade, o isolamento, o uso de drogas, o envolvimento com grupos de risco, entre outros problemas (mais detalhe sobre esse tema pode se encontrado no capítulo 4 deste livro).

– Exigências por parte da sociedade: as expectativas sociais impostas atualmente aos adolescentes vêm desencadeando uma aceleração no seu desenvolvimento, levando-os inclusive a "queimarem" etapas, a terem preocupações muito antecipadas às de sua fase de desenvolvimento. O culto à beleza, por exemplo, faz com que garotos e garotas, na busca do corpo perfeito, queiram ir para academias, submetam-se a cirurgias plásticas, façam uso de anabolizantes, dietas alimentares perigosas, o que desencadeia o stress excessivo, principalmente aos que não conseguem atender a esse padrão e passam a ser colocados à parte no grupo; aqueles que muitas vezes são alvos de brincadeiras e gozações podem vir a desenvolver sérios problemas de autoestima, levando ao isolamento social e até mesmo desencadeando outros problemas mais sérios como fobia social, transtornos alimentares, uso de drogas etc.

– Relacionamento social: a fase da adolescência é marcada pela inserção em grupos, pelo convívio social intenso, sendo assim, as exigências ou a rejeição por parte de colegas podem ser muito estressantes, acarretando inclusive comportamento que possa trazer-lhe grandes danos para ser aceito, como, por exemplo, fazer uso de algum tipo de substância para poder ser aceito pelo grupo.

– Vestibular e escolha profissional: durante todas as mudanças que se processam durante essa fase também é exigido do adolescente a escolha da profissão. Muitos não estão preparados para essa escolha e vão experimentar o stress desse momento. O vestibular é uma etapa que envolve muita expectativa por parte dos pais e do adolescente. Essa situação pode desencadear ansiedade excessiva e insegurança, e o adolescente pode experimentar os efeitos do stress negativo, acarretando inclusive queda em sua produtividade, o que pode levar a uma série de fracassos, de modo que tudo o que investiu pode não conseguir alcançar (mais informações podem ser obtidas no capítulo 6 do presente livro).

– Descoberta sexual/gravidez: o adolescente cada vez mais cedo tem sua iniciação sexual e, na grande maioria das vezes, sem as atitudes corretas para se prevenir da gravidez e de doenças sexualmente transmissíveis, o que acarreta problemas para a vida do adolescente e de sua família.

A investigação desses e/ou outros acontecimentos na vida do adolescente pode ser realizada por entrevista com o próprio jovem ou com os pais, por observação e pelo histórico de vida do adolescente.

É importante também, acompanhar situações do dia a dia que, na grande maioria das vezes, tendem a não ser observadas. No entanto, podem ser fontes estressoras para o adolescente, gerando desgastes significativos: promessas que não são cumpridas pelos pais, atrasos frequentes para a chegada à escola, recorrente espera para levá-lo nos lugares, proibições sem motivos claros, stress dos pais, pressão escolar constante, competição com os colegas em esportes, notas escolares, entre outras.

Outro modo de verificar o stress no adolescente ocorre pela forma de como ele interpreta o evento que deverá enfrentar. Denominamos esse aspecto de fontes internas de stress. Essas fontes se formam por sua experiência de vida, pelas mensagens de socialização recebidas dos adultos significativos desde sua infância, pela visão de si mesmo, do mundo e do futuro (Lucarelli, 2000). Esse enfoque psicológico de stress sugere que os eventos do ambiente influenciam somente os adolescentes que avaliam a situação como estressora. A verificação de que o adolescente está sob os efeitos do stress emocional negativo decorre do significado que ele atribui ao evento que deverá enfrentar, bem como pelos recursos que ele possui para enfrentar a situação problema.

Como apontou Lucarelli (2000) ao tratar de stress infantil, também no adolescente, certas características podem afetar a avaliação do problema. A seguir serão apontadas algumas características pessoais que devem ser consideradas:

— Valores adquiridos: a ausência ou a rigidez das regras ao longo do processo de desenvolvimento do adolescente servirá de parâmetro para a avaliação dos acontecimentos que ele deverá enfrentar.

— Visão sobre si mesmo e sobre o mundo: essa visão forma-se por meio das mensagens de socialização recebidas em conjunção com seu modo de percebê-las, gerando pensamentos funcionais ou disfuncionais e que atuarão em seus comportamentos do dia a dia, por exemplo, achar que deve ser perfeito, que precisa agradar a todos, que não é capaz, que seus pais preferem seu irmão menor por ser mais inteligente.

— Características de personalidade: os adolescentes que apresentam menos vulnerabilidade ao stress e, consequentemente, melhor capacidade de enfrentamento são aqueles que possuem melhor autocontrole, sabem lidar com suas emoções, possuem uma autoestima positiva, aceitam seus limites e valorizam suas habilidades.

— Rede de apoio: adolescentes apresentam melhor enfrentamento para as situações de stress se possuem uma família presente, que os apoie, demonstrando afeto e colocando os limites de modo claro e coerente, familiares próximos que cultivem amizades e paixões (esporte, música etc.) e amigos de sua faixa etária (como mencionado no cap.2).

A habilidade para resolver problemas e o pensamento de obter um resultado satisfatório diante do problema, que para o adolescente é uma crise devido ao seu modo de perceber as situações, pois ora maximiza, ora minimiza, ou é tudo ou é nada, o egocentrismo peculiar a essa fase e a responsabilidade dirigida ao outro, se bem administrados, transformarão o stress em algo positivo, não experimentando assim os efeitos negativos. Isso favorecerá o desenvolvimento da capacidade de enfrentamento para outras situações de crise.

Essa perspectiva psicológica do stress não possui um instrumento para uma avaliação mais precisa, no entanto, não podemos desconsiderá-la, pois essas informações costumam servir de subsídio para o diagnóstico do stress. Para colher tais dados, o clínico pode usar entrevista com o adolescente e com os pais, observação e questionários.

Outra perspectiva é a biológica, que enfoca a ativação dos sistemas fisiológicos sendo possível avaliar o stress por medidas cardiovasculares, testes eletromiográficos e técnicas eletrodérmicas. No entanto, essas medidas são pouco empregadas devido a inúmeras razões, entre elas: o custo dos exames, a falta de profissionais especializados e equipamentos disponíveis.

A integração dos três enfoques (aqui apresentados) na avaliação do stress seria o ideal para um diagnóstico preciso. Os três enfoques enfatizam estágios diferentes do processo, em que as situações ambientais desencadeiam transformações psicológicas e físicas, que aumentam a probabilidade do desenvolvimento de doenças físicas e/ou emocionais. Esses enfoques vão delinear o diagnóstico do stress no adolescente.

Convém ressaltar que o enfoque que mais tem favorecido o diagnóstico do stress na adolescência e que contempla as diferentes abordagens de avaliação do stress para essa fase de desenvolvimento é a verificação da resposta ao stress mediante a sintomatologia apresentada pelo jovem, bem como o tempo em que tais sintomas estão presentes, considerando-se a diferença entre os gêneros. Inúmeros estudos e pesquisas têm utilizado esse tipo de medida, trazendo informações adequadas para a realização de tal diagnóstico.

A análise dos sintomas mais frequentes e a sua respectiva duração encontrada em adolescentes estressados possibilita um quadro diagnóstico mais completo. O stress precisa ser considerado uma resposta complexa do organismo, que desencadeia reações bioquímicas, como definida por Selye (1979), capazes de desenvolver sintomas físicos, psicológicos, cognitivos e interpessoais, como constatado por Tricoli e Lipp (2006), que construíram, validaram e padronizaram uma escala para avaliar o stress em adolescentes – "Escala de Stress para Adolescentes" (ESA) – na faixa etária de 14 a 18 anos, de ambos os sexos.

A partir de dados clínicos e pesquisas, verificou-se que os sintomas mais frequentes de stress na adolescência se agrupam da seguinte forma:

– Psicológicos: irritação, tristeza, depressão, impaciência, desânimo, intolerância, sensibilidade aumentada, falta de esperança, insegurança, agressividade e ansiedade.

– Físicos: dores nas costas, dores de cabeça, enxaqueca, dores no peito, mãos frias, transpiração excessiva, principalmente nas mãos, tique nervoso, gripe frequente, ranger de dentes.

– Cognitivos: dificuldades com o estudo e dificuldade para aprender, falta de concentração, uso de drogas, desinteresse pelas coisas, problemas com a memória e com o sono (fica pensando muito e não consegue dormir ou dorme demais para não pensar).

– Interpessoais: dificuldade para fazer parte de grupos, timidez, isolamento, gagueira, dificuldades de relacionamento e de estabelecer vínculos afetivos.

As investigações acerca de stress na adolescência mencionam ainda o desenvolvimento de transtornos alimentares, obesidade, problemas dermatológicos e estomacais (gastrite, úlceras), hipertensão arterial, disfunções psicológicas e comportamentais (delinquência, suicídio, alteração do humor, impulsividade acentuada, transtorno do pânico etc.). Há evidências que relacionam o stress na adolescência à baixa no sistema imunológico, tornando o adolescente mais suscetível a gripes, resfriados, infecções de garganta etc., como ocorre com adultos e crianças (Lipp, 2000).

ESCALA DE STRESS PARA ADOLESCENTES (ESA)[1]

A ESA objetiva avaliar o stress emocional na faixa etária de 14 a 18 anos, de ambos os gêneros, bem como determinar o tipo de sintoma e a fase de stress em que o adolescente se encontra.

A referida escala é composta por 44 itens relacionados às seguintes reações de stress: psicológicas; cognitivas; fisiológicas e interpessoais. O estudo demonstrou que essas reações estão relacionadas a sintomas de stress na adolescência, uma vez que a correlação encontrada entre tais reações faz supor que exista entre elas o stress como um constructo subjacente. A ESA passou por estudo de validação, padronização e normatização para a população brasileira; é um instrumento aprovado pelo Conselho Federal de Psicologia, o que indica as qualidades psicométricas necessárias para a avaliação de stress na adolescência.

A escala objetiva, ainda, identificar a frequência com que os sintomas aparecem, evidenciando assim as fases de stress, subdivididas em: **alerta** (primeira fase de stress, momento em que a pessoa começa a entrar em contato com um estressor), **resistência** (o stress já se faz notar no indivíduo; no entanto, a energia está presente, o indivíduo se sente muito produtivo, ainda que hajam falhas de memória e dificuldade para levantar-se da cama), **quase exaustão** (o indivíduo começa a sentir os efeitos do stress, a produtividade reduz-se e o indivíduo começa a adoecer) e **exaustão** (fase em que a pessoa não consegue mais produzir e doenças mais sérias surgem).

As instruções são claras e é fundamental que o adolescente as compreenda para evitar equívoco no processo de avaliação. A ESA avalia os sintomas de stress, solicitando que o adolescente assinale se **não sente, raramente sente, às vezes sente, quase sempre sente, sente sempre**. Para identificar as fases, solicita-se que assinale: **não ocorreu, ocorreu nas últimas 24 horas, tem ocorrido na última semana, tem ocorrido no último mês, tem ocorrido nos últimos seis meses**.

O adolescente poderá ser diagnosticado com stress significativo quando contemplar os escores necessários para o diagnóstico de stress de acordo com a presença dos sintomas e/ou pelo tempo em que o adolescente está experimentando o sintoma. Em seguida pode-se verificar o tipo de sintoma (psicológico, físico, interpessoal e cognitivo), bem como a fase de stress em que se encontra (alerta, resistência, quase exaustão e exaustão).

Esta possibilidade de avaliação de stress permite identificar de que forma o adolescente está sendo afetado. Recomenda-se que nenhum sintoma seja considerado isoladamente, pois, para o diagnóstico do stress no adolescente, é importante que haja um conglomerado de sintomas, presentes por um período de tempo. Cabe ressaltar também que, a partir da análise da escala, pode-se verificar quando a grande maioria dos sintomas apresentados pertence somente a uma esfera de sintomas ou quando a frequência dos sintomas é significativa. Um diagnóstico diferencial faz-se necessário, pois o adolescente pode estar apresentando uma patologia orgânica ou um transtorno psicológico (depressão, transtorno de personalidade em formação etc.). Além disso, como a

---

[1] Tricoli, V. A. C. & Lipp, M. E. N. (2006). ESA – *Escala de Stress para Adolescentes*. São Paulo: Casa do Psicólogo.

adolescência é uma fase muito conturbada, marcada por inúmeras alterações biopsicossociais, o clínico precisará estar bastante atento, pois o quadro deixou de ser simplesmente uma reação ao stress.

Outro aspecto relevante é a questão qualitativa das informações, pois há situações em que os dados da escala podem não contemplar quantitativamente o diagnóstico de stress. Há sintomas que ocorrem em alta magnitude e por um longo período de tempo. Sendo assim, não se podem ignorar tais dados, pois poderão servir de indício para o diagnóstico de outras patologias. A avaliação dos resultados da ESA fornece ainda a possibilidade de estabelecer vulnerabilidade. Por exemplo, um adolescente ao responder que sente sempre os itens descritos abaixo pode estar apresentando uma vulnerabilidade à depressão:

– meus pensamentos são negativos;
– só vejo defeitos em mim;
– estou agressivo;
– tenho dificuldade para iniciar o meu dia.

Da mesma forma, os itens a seguir podem indicar vulnerabilidade para reações psicofisiológicas, de características tensionais:

– dores de cabeça;
– dores nas costas;
– dores no peito;
– enxaqueca.

Convém ressaltar que esses conglomerados de sintomas precisam ser interpretados como indicadores a serem avaliados longitudinalmente, podendo ser utilizados para uma intervenção clínica mais profilática. A análise da ESA possibilita avaliar os itens quantitativamente, integrando-os com uma avaliação qualitativa, inclusive durante as entrevistas clínicas com o adolescente e seus pais, o que favorecerá a compreensão do quadro de stress.

É importante considerar que o diagnóstico preciso de stress na adolescência só pode ser fornecido por profissionais especializados. No entanto, os adultos que convivem com o adolescente (pais, avós, médicos, professores, coordenadores escolares), ou mesmo colegas, conseguem observar possíveis mudanças comportamentais, físicas e/ou psicológicas significativas, podendo identificar o problema, de modo a possibilitarem que a ajuda chegue mais rapidamente, diminuindo o sofrimento do adolescente, bem como reduzindo os efeitos do stress negativo em sua vida.

Frequentemente ouvimos pais dizerem que o filho ou a filha mudou e que não sabem o que está acontecendo com o adolescente, que está muito diferente, sem motivo aparente. Na grande maioria das vezes, as pessoas têm uma visão deturpada sobre o stress, pensando que ele só acontece diante de fatos negativos, o que não é real, pois o stress pode ocorrer quando o indivíduo se depara com situações novas e que vão exigir adaptação. Essa reação do adolescente pode ser um alerta no sentido de que algo não está bem e de que há necessidade de uma atenção a esse processo. Ao pesquisarmos então o que está acontecendo com o adolescente, verificamos que há mudanças significativas em seu ambiente – como, por exemplo: o último ano do ensino médio, a escolha profissional, a chegada da inscrição do vestibular, festa de 15 anos, intercâmbio cultural etc.

Sendo assim, é muito importante que os educadores (pais, professores, coordenadores escolares, diretores) que estão presentes na vida do adolescente estejam atentos às necessidades dele, para que seja possível notar a presença do stress e assim indicar a ajuda necessária, evitando problemas mais sérios na vida desse jovem. Para a avaliação do stress é necessário o conhecimento sobre ele e a sintomatologia característica dessa fase, pois podem existir outras explicações e diagnósticos para os problemas apresentados pelo adolescente, o que requer uma avaliação criteriosa, por profissionais que possuam conhecimento sobre stress, bem como sobre o período de adolescência.

CONSIDERAÇÕES FINAIS

Como se pode verificar, a avaliação do stress na adolescência torna-se muito importante para que problemas maiores possam ser evitados na vida do jovem, que se encontra em uma fase de significativa mudança. Se o stress for controlado ou prevenido nessa fase, com certeza, teremos adultos mais saudáveis e consequentemente menos estressados.

REFERÊNCIAS BIBLIOGRÁFICAS

Holmes, T. H. & Rahe, R. K. (1967). *Type a Behavior and Your Heart*. New York: Alfred A. Knopf.

Lipp, M. E. N. (2000). O stress da criança e suas consequências. Em M. E. N. Lipp (Org.). *Crianças estressadas – causas, sintomas e soluções* (pp. 13-42). Campinas: Papirus.

Lipp, M. E. N. & Malagris, L. E. (2001). O manejo do stress. Em B. Range. (Org.). *Psicoterapia comportamental e cognitiva: de transtornos psiquiátricos* (pp. 475-490). Porto Alegre: Artmed.

Lucarelli, M. D. M (2000). O diagnóstico do stress infantil. Em M. E. N. Lipp (Org.). *Crianças estressadas – causas, sintomas e soluções* (pp. 43 – 64). Campinas: Papirus.

Selye, H. (1979). *Stress Without Distress*. Filadelfia: Lipincott.

Tricoli, V. A. C. & Lipp, M. E. N. (2006). *ESA: Escala de Stress para Adolescentes*. São Paulo: Casa do Psicólogo.

Capítulo 4

STRESS NA ADOLESCÊNCIA E ESTILO PARENTAL

Ana Paula Justo

As consequências que o stress pode gerar na saúde dos adolescentes, tanto física quanto psicológica, têm mobilizado os pesquisadores a identificar fatores protetores que possam minimizar o impacto negativo do stress excessivo nessa fase do desenvolvimento.

Atualmente diversos estudos têm apontado uma associação entre os estilos parentais e vários indicadores de desenvolvimento psicológico e comportamental. Neste capítulo será abordada a influência que o estilo parental pode exercer em relação ao stress do adolescente. A compreensão dessa influência cria a condição de munir os pais com conhecimentos específicos e habilidades, para que possam promover o desenvolvimento saudável de seus filhos, evitando o stress excessivo, além de torná-los mais preparados para lidar com as situações estressantes da vida.

ADOLESCÊNCIA E STRESS

A reação de stress pode ocorrer em qualquer pessoa, independente de idade, etnia, sexo e situação socioeconômica. Há pouco tempo não se pensava na possibilidade das crianças e adolescentes sofrerem com o stress. Recentemente os estudos na área têm apontado as consequências do stress nessas fases da vida, desmistificando a ideia de que criança e jovem não têm stress.

Segundo Lipp (1996), o stress é uma reação natural do organismo, que é desencadeada no momento em que a pessoa se depara com uma situação muito difícil ou muito excitante. A reação surge para oferecer as condições necessárias para a pessoa se adaptar a essa nova situação, porém, se a reação for muito intensa ou se for prolongada, o organismo tende a se enfraquecer, propiciando o aparecimento de sintomas e doenças, tanto físicas quanto psicológicas.

A adolescência tem sido considerada uma fase do desenvolvimento suscetível ao stress, devido às inúmeras transformações (físicas, psicológicas e sociais) ocorridas neste período da vida. O adolescente se depara com várias situações de mudanças num curto espaço de tempo, pois, além das intensas alterações biológicas e hormonais, vivencia o aumento da exigência da sociedade, no que se refere à responsabilidade, escolha profissional, exigência do grupo, busca de um par, definição sexual, aprendizagem de normas e conceitos sociais e morais, entre outras. Apesar da complexidade desta fase, alguns adolescentes apresentam um desenvolvimento saudável, enquanto outros tendem a manifestar problemas físicos, emocionais e comportamentais. Para Leal (2001), o jovem que durante seu desenvolvimento adquiri estratégias adequadas para lidar com os estressores estará menos suscetível ao stress e provavelmente, terá um desenvolvimento mais saudável.

Qualquer situação geradora de um estado emocional intenso que exija alguma adaptação pode ser chamada de estressor. Segundo Lipp (2004), os estressores podem ser definidos em dois tipos: externos e internos. As fontes externas de stress são advindas do ambiente e da relação da pessoa com esse ambiente. Essas situações não dependem da pessoa e, no caso dos adolescentes, derivam dos contextos do qual ele faz parte (família, escola e amigos). O processo de socialização que se amplia significativamente na adolescência expõe os jovens a inúmeras relações interpessoais, sendo que muitas destas se apresentarão como fontes externas de stress. Em um estudo realizado por Justo (2005), foi perguntado a adolescentes o que mais os estressava no momento. Com base na análise do conteúdo das respostas foram criadas categorias, sendo a relação com os irmãos (brigas, cobranças, críticas e privilégios) a mais apontada pelos adolescentes como fonte de stress, seguida pelas relações com pais e pela dinâmica familiar (brigas, falta de tempo, opiniões diferentes, cobranças, falta de compreensão e falta de liberdade), depois foram citadas as relações com pessoas de fora da família (pessoas chatas, egoístas, teimosas, incompreensivas, irritantes, mal educadas etc.), com o contexto escolar (dificuldades, provas, tarefas, cobranças e professores) e em quarto lugar ficou a relação com os amigos e/ou colegas (amigos falsos, mentirosos, briguentos etc.).

Já por fontes internas de stress, compreende-se tudo que faz parte do mundo interno da pessoa. Envolve seu modo de pensar sobre si mesmo, modo de ver o mundo, nível de assertividade, crenças, valores, padrão de comportamento, vulnerabilidades e suas características pessoais (perfeccionismo, nível de autoexigência, autoestima, ansiedade, entre outras). Na adolescência destaca-se como fonte interna de stress a necessidade de ser aceito pelos outros, a timidez, o medo do fracasso, preocupações com as mudanças físicas (imagem), dúvida quanto à própria inteligência e beleza, medo de ser ridicularizado pelos colegas e intolerância em relação a atitudes de pessoas por eles julgadas como incorretas, mentirosas, falsas, entre outras características. Essa intolerância provavelmente se deriva de uma forma rígida de se pensar em relação ao outro, que, por sua vez, gera uma alta incidência de situações estressantes para os adolescentes.

Segundo Tricoli e Bignotto (1999), é na infância que as fontes internas de stress começam a ser desenvolvidas, de acordo com as mensagens e os valores transmitidos pelos adultos responsáveis pela educação da criança. Além do modelo que os pais transmitem aos filhos, suas práticas educativas também agem no desenvolvimento de características pessoais que pode vir a se tornar fontes internas de stress. Pais que conseguem educar para a autonomia, autoconfiança e autoestima estão tornando seus filhos mais habilidosos e competentes para lidar com o mundo, porém, aqueles que por meio de atitudes favorecem a insegurança, o medo e a dependência estão criando filhos vulneráveis ao stress.

Diante dos prejuízos que o stress excessivo pode causar à saúde física e psicológica, torna-se fundamental a realização do diagnóstico precoce. Na falta de um instrumento adequado para diagnosticar o stress em adolescentes brasileiros, Tricoli (2002) criou e validou uma Escala de Stress para Adolescentes (ESA), para a faixa etária de 14 a 18 anos, que possibilita a avaliação do nível de stress, de maneira objetiva e precisa, em adolescente de ambos os sexos.

No adolescente, observa-se um predomínio de sintomas psicológicos, como: ansiedade, impaciência, irritabilidade, sensibilidade emotiva, introversão, insegurança, depressão, intolerância, entre outros. Porém, o stress nesta fase também gera sintomas cognitivos (dificuldade de concentração e dificuldade para aprender), fisiológicos (transpiração excessiva nas mãos, dores nas costas e dores de cabeça) e interpessoais (timidez, dificuldade de relacionamento e isolamento).

Os próprios sintomas do stress podem comprometer de forma significativa o desenvolvimento de certas competências na adolescência (autoimagem, autoestima, autonomia, entre outras), pois nesta fase ocorre a definição dessas características pessoais. Um jovem que está submetido a um stress excessivo e prolongado, pode vir a ter seus relacionamentos sociais prejudicados por estar mais introvertido, tímido e/ou inseguro, além de criar ideias distorcidas em relação a sua autoimagem, acreditando não ser tão legal ou não ser tão interessante para seus amigos. O que poderá afastá-lo ainda mais das pessoas, limitando sua possibilidade de fazer novos amigos e de gerar experiências saudáveis que colaborem para a construção de sua autoimagem. Em longo prazo o adolescente poderá desenvolver padrões de pensamentos e comportamentos disfuncionais, podendo até mesmo tornar-se um adulto com uma autoimagem rebaixada. Muitas vezes, dificuldades emocionais e comportamentais identificadas em adultos são decorrentes de períodos de stress excessivo na infância e/ou na adolescência.

A relevância do prejuízo que o stress pode causar na vida dos adolescentes desafia os especialistas da área buscarem medidas preventivas. Recentemente, algumas pesquisas têm enfatizado a influência das práticas parentais no desenvolvimento dos filhos, abrindo um novo campo de estudo para a área do stress. Identificar e compreender a relação entre as práticas parentais e o stress do adolescente cria condições para os pais e os profissionais agirem de forma preventiva.

ESTILO PARENTAL

Os estudos sobre as práticas parentais surgiram com o intuito de responder a algumas questões como: Qual a melhor forma de educar os filhos? Quais são as consequências provocadas no desenvolvimento das crianças submetidas a diferentes formas de educação? A partir desses questionamentos, pesquisadores buscaram definir e/ou classificar as atitudes adotadas pelos pais na educação dos seus filhos e destacam os estudos de Baumrind (1971, 1991), que formulou três estilos parentais (permissivo, autoritário e autoritativo).

Com base no modelo de estilo parental descrito por Baumrind (1971), no início dos anos 1980, os pesquisadores Maccoby e Martin (1983) propuseram um modelo teórico de estilos parentais utilizando duas dimensões fundamentais nas práticas educativas dos pais, denominadas exigência *(demandingness)* e responsividade *(responsiveness)*. A dimensão exigência engloba todas as práticas dos pais (como estabelecer limites e regras) que buscam de alguma forma controlar o comportamento dos filhos. Inclui comportamentos de supervisão, monitoramento, cobrança e disciplina. Já a responsividade se refere à capacidade dos pais em serem contingentes ao atender às necessidades e às particularidades afetivas dos filhos. Inclui atitudes compreensivas e afetivas que os pais têm para com os filhos, baseadas no respeito, no diálogo e na empatia. A partir da análise do cruzamento das duas dimensões foram propostos quatro estilos parentais, nos quais os autores mantiveram os padrões autoritário e autoritativo descritos por Baumrind (1971), e transformaram o antigo padrão permissivo em dois novos padrões: indulgente e negligente, referentes a distintos graus de responsividade. O estilo autoritário descreve pais que apresentam um alto nível de exigência e baixo de responsividade; já os pais indulgentes apresentam um alto nível de responsividade e baixo de exigência. O estilo negligente descreve pais que não manifestam exigência nem responsividade em relação aos seus filhos, e os pais autoritativos manifestam tanto comportamentos exigentes quanto responsivos.

Darling e Steinberg (1993), com base em uma revisão histórica, propuseram o entendimento do conceito de estilo parental como o contexto em que os pais influenciam seus filhos por meio de suas práticas, sendo estas mediadas por suas crenças e valores. Segundo as pesquisadoras, este entendimento extrapola a combinação entre as dimensões de exigência e responsividade parentais, ou seja, envolvem aspectos que não são absorvidos por este modelo. Ressaltaram também a importância de se manter clara a diferença entre estilo parental e práticas parentais. Para as autoras, as práticas parentais se referem aos comportamentos adotados pelos pais em um determinado contexto, com o objetivo de produzir alguma modificação no desenvolvimento do processo educativo do filho. Já o estilo parental não se refere a uma única situação, mas às características específicas dos pais, como expressão de afeto ou clima emocional que constrói o contexto dentro do qual operam os esforços dos pais para socializar seus filhos de acordo com suas crenças e valores.

Outro aspecto bastante relevante em relação aos estilos parentais é apontado por Oliveira, Marin, Pires, Frizzo, Ravanello e Rossato (2002), que em seus estudos perceberam que, além dos estilos influenciarem aspectos do desenvolvimento dos filhos, podem também vir a determinar o estilo parental que os filhos vão adotar futuramente, havendo uma transmissão intergeracional de estilos parentais. Em uma pesquisa realizada pelos autores, encontrou-se correlação positiva entre o autoritarismo de avós e mães, ou seja, as filhas educadas por mães autoritárias tenderam a adotar este mesmo estilo parental com seus próprios filhos.

A abordagem dos estilos parentais tornou-se uma das mais utilizadas formas de investigação acerca das interações socializadoras na família e suas influências sobre os filhos ao longo do tempo. Segundo Teixeira, Bardagi e Gomes (2004), mesmo sem a intenção de classificar tipologicamente os comportamentos parentais em estilos definidos, a identificação dos níveis de exigência e responsividade parentais constitui-se em um importante elemento para o diagnóstico e o planejamento de intervenções com pais e filhos.

Para que fosse possível realizar estudos sobre estilo parental em nossa cultura, foi necessário a elaboração de instrumentos que permitissem avaliar de forma consistente as dimensões teórica e empiricamente relevantes às práticas parentais. Uma primeira tentativa de elaboração de escalas para avaliar os níveis de exigência e responsividade parentais em uma população de adolescentes brasileiros foi realizada por Costa, Teixeira e Gomes (2000) que traduziram e adaptaram para o português o instrumento utilizado por Lamborn, Mounts, Steinberg e Dornbusch (1991), originalmente criado em língua inglesa, para medir as dimensões de responsividade e exigência. Essas escalas foram posteriormente revisadas em 2004, por Teixeira, Bardagi e Gomes (2004), tendo seu número de itens ampliado e seu sistema de respostas modificado. A partir da construção deste instrumento, muitos estudos têm sido realizados no Brasil.

A INFLUÊNCIA DO ESTILO PARENTAL NO NÍVEL DE STRESS DOS ADOLESCENTES

A pesquisa realizada por Justo (2005) buscou verificar a existência de uma relação entre os estilos parentais e o nível de stress dos adolescentes. Para a avaliação do nível de stress, foi utilizada a Escala de Stress para Adolescentes (ESA), que foi criada e validada em 2002 por Tricoli (2002). Para a classificação dos estilos parentais, foi utilizado um instrumento que avalia as dimensões de exigência e responsividade parentais percebidas na adolescência, este instrumento é fruto de uma revisão realizada por Teixeira, Bardagi e Gomes (2004).

Os resultados indicaram a existência de uma associação significativa, e os piores resultados quanto ao nível de stress foram os apresentados pelos filhos de pais autoritários, seguidos pelos pais negligentes. Os melhores resultados quanto ao nível de stress foram os obtidos pelos filhos de pais indulgentes, seguido pelos filhos de pais autoritativos. Porém, para se ter uma melhor compreensão da relação entre o estilo parental e o stress do adolescente, não basta apenas saber qual dos estilos gera um nível elevado de stress nos filhos durante seu desenvolvimento, é necessário também compreender como cada um dos estilos pode influenciar no desenvolvimento de certas características pessoais, que futuramente funcionariam como fontes internas de stress, possibilitando, assim, o desenvolvimento de uma maior vulnerabilidade ao stress. A seguir será analisado cada um dos estilos separadamente, destacando suas possíveis influencias no desenvolvimento do stress na adolescência.

ESTILO AUTORITÁRIO

Os pais considerados autoritários apresentam um alto nível de exigência e baixo nível de responsividade. Agem de forma rígida com os filhos, exigem respeito e obediência total; para isso utilizam da imposição da autoridade. Podem fazer uso da coação, ou seja, constrangem, forçam, obrigam, criticam, julgam e impõem as suas regras. Utilizam com maior frequência a punição por meio de ameaças, privações de afeto e privilégios. Alguns pais também expõem os filhos ao constrangimento ou à humilhação, por meio de comentários irônicos e sarcásticos. Essas atitudes geram medo, ansiedade, insegurança, culpa e raiva nos filhos. Os pais autoritários mantêm um alto nível de controle psicológico sobre os filhos, que se sentem vigiados, inferiorizados e criticados.

A relação é unilateral, os pais não encorajam o diálogo e a autonomia, buscam modelar, controlar e avaliar o comportamento dos filhos de acordo com suas próprias regras. São pais que não utilizam o elogio ou a valorização, priorizam o erro e a correção, porém, quando os filhos "acertam", também não demonstram satisfação. Por serem pais que não favorecem o diálogo, não conseguem analisar adequadamente o que ocorre com seu filho, não sendo contingentes suas necessidades emocionais.

A característica determinante deste estilo está no controle psicológico exercido por estes pais, sendo que este controle pode ser aplicado de inúmeras formas. Certos julgamentos e críticas nem sempre são vistos pelos pais como atitudes autoritárias. São comentários que buscam controlar os filhos gerando neles um intenso sentimento de culpa, a sensação de estar "devendo" algo aos pais, de não ser merecedor da família, dos pais ou do que lhe é oferecido, de ser uma pessoa inadequada que faz seus pais sofrerem. São frases em que muitas vezes os pais se colocam como vítimas dos filhos (exemplo: "Você faz seu pai sofrer!"; "Eu me mato de trabalhar para oferecer tudo a você!"; "Você tem que agradecer os pais que têm, nós fazemos tudo por você!"), mas nem por isso deixam de ter uma postura autoritária.

Muitas vezes as pessoas não se percebem utilizando um padrão autoritário, pois imaginam que estes pais não se preocupam com seus filhos. Isso nem sempre é verdade; muitos pais que se utilizam dessa postura o fazem por acreditar ser o melhor para seus filhos, pensam que assim terão filhos mais resistentes, pois, se forem mais afetivos e protetores, seus filhos ficarão relaxados e malacostumados. Há também, aqueles pais que utilizam esse estilo por terem sido criados dessa forma, sendo a única forma de educação que tiveram acesso. Não usam o elogio e a valorização por não saberem como fazer isso, pois não desenvolveram essa habilidade no decorrer de suas vidas. Esses pais, geralmente, acreditam que só conseguirão o respeito e a obediência de seus filhos por meio da imposição da autoridade.

O padrão autoritário é fruto de nossa história, pois até o século XIX não havia nenhuma preocupação específica com a fase da infância e da adolescência; aos 7 anos, as crianças passavam a ser tratadas como adultas e eram incorporadas ao mercado de trabalho. Nessa época o que predominava eram as práticas autoritárias e negligentes, pois ainda não havia uma compreensão de que as crianças e os jovens necessitavam de cuidados diferenciados, por ainda não terem atingidos o amadurecimento necessário para lidar com as adversidades da vida.

Diversas pesquisas, nacionais e internacionais, apontam os prejuízos que o estilo autoritário apresenta ao desenvolvimento de crianças e adolescentes. Filhos de pais autoritários demonstram medo, menor autoestima, maior hostilidade, níveis elevados de ansiedade e depressão e insegurança em relação a seu desempenho. Tendem a ser filhos com bom desempenho escolar e com baixos índices de problemas de comportamento, mas esses resultados são consequências do medo da punição e não da vontade própria. Em curto prazo o estilo parental autoritário pode aumentar a conformidade e a obediência, mas em longo prazo representa um risco para o desenvolvimento do adolescente.

Em relação ao nível de stress, os filhos de pais autoritários também apresentaram o pior resultado. São adolescentes que lidam frequentemente com a exigência dos pais, por meio de cobranças e críticas excessivas. Os pais autoritários fazem uso excessivo e inadequado da punição, criando um ambiente instável e de constantes ameaças. A estabilidade e a proteção necessária para o desenvolvimento adequado da criança e do adolescente ficam totalmente prejudicas com as práticas autoritárias. Esse contexto, evidentemente, tende a desencadear com maior frequência e intensidade a reação de stress. Provavelmente, os filhos de pais autoritários sofram com as consequências do stress excessivo, pois as práticas educativas desses pais correspondem a significativas fontes de stress.

A ausência da afetividade dos pais parece agravar ainda mais o nível de stress desses filhos, já que essas práticas demonstram colaborar para um clima familiar de apoio e compreensão. Filhos de pais autoritários não se sentem valorizados, buscam agir corretamente para evitar as exigências excessivas, as críticas e os julgamentos de seus pais. Muitas vezes, compreendem que só possuem algum tipo de valor quando não erram ou não atrapalham. Tendem a se tornar pessoas extremamente exigentes consigo mesmas, que buscam a perfeição em tudo que fazem e agem assim para evitar críticas. São pessoas que possuem exigências irreais, precisam sempre atingir a perfeição e, por isso, se frustram intensamente. Nunca se sentem satisfeitos com o que realizam, focam o erro e não conseguem visualizar os acertos, mesmo quando estes correspondem à maior parte. Buscam constantemente agradar os outros, muitas vezes utilizando uma postura passiva, pois precisam da valorização externa para sentir que realmente têm valor.

Com base nas pesquisas já realizadas, o estilo autoritário sugere o desenvolvimento de inúmeras vulnerabilidades ao stress, indicando que adolescentes estressados provavelmente venham a ser adultos estressados. O alto nível de exigência é uma das vulnerabilidades ao stress mais comprometedoras, causador de ansiedade, depressão, insegurança, comprometimento na autoestima e uma maior incidência de stress no decorrer da vida.

ESTILO INDULGENTE

O padrão indulgente se caracteriza pelo alto grau de responsividade e baixo grau de exigência. Pais indulgentes são tolerantes, afetivos e empáticos, mas não estabelecem regras e limites, não fazem cobranças, não apontam os erros, nem corrigem as inadequações dos filhos. Não utilizam punição, também não exigem comportamentos maduros nem responsabilidades.

Num primeiro momento pode-se pensar que este padrão só beneficia o filho, por ser baseado em aspectos positivos como: respeito, afetividade, diálogo, tolerância e empatia. Mas estudos têm demonstrado que, quando esses aspectos são utilizados isoladamente, sem combinar com as regras e limites, tendem a gerar também prejuízos aos filhos. As crianças e adolescentes necessitam de regras e limites, estas só não precisam ser estabelecidas por meio de comportamentos inadequados, como é realizado pelos pais autoritários. Os limites e as regras são fundamentais para o desenvolvimento do senso de responsabilidade, da tolerância à frustração, do respeito com as pessoas e de diversos componentes da maturidade da criança e do adolescente.

Pais indulgentes tendem a criar filhos que acreditam que o mundo gira a seu redor, que os pais têm a obrigação de oferecer tudo que eles precisam, mas não têm direito de lhes cobrar nada. Alguns pais indulgentes acreditam que, se oferecerem tudo que os filhos precisam, serão respeitados e valorizados por eles. O excesso dessa prática está em oferecer "tudo" sem considerar as condições e os comportamentos do próprio filho. Nesse padrão, as crianças e os adolescentes não conseguem discriminar entre o adequado e o inadequado, também não compreendem a consequência de seus comportamentos, pois, independente do que façam, tudo se mantem igual à sua volta. Não compreenderão quando algo não sair do jeito que querem, já que sempre conseguiram o que queriam e na hora que queriam; não saberão valorizar o que lhe é oferecido, pois não terão noção de valor; também não saberão discriminar suas inadequações, sendo assim, não pensarão na possibilidade ou na necessidade de mudar seus comportamentos inadequados.

Até o momento não se sabe certamente o porquê dos pais adotarem um ou outro estilo; provavelmente essa escolha é baseada na sua história de vida, nas suas experiências e nas suas referências. Os pais que adotam práticas indulgentes podem ter sido criados por pais indulgentes, seguindo assim seu modelo. A baixa tolerância à frustração dos próprios pais indulgentes pode fazer com que eles evitem frustrar seus filhos, pois não toleram lidar com a frustração de ver seus filhos sofrendo. Mas também há pais que foram submetidos a uma educação rígida e punitiva, e o sofrimento gerado por essas exigências excessivas os impulsionaram para adotar e desenvolver uma postura totalmente diferente da que foi educado, focando excessivamente a afetividade e menosprezando a necessidade da exigência na educação dos filhos.

O foco na afetividade, nas necessidades emocionais das crianças e adolescentes é fruto de uma evolução histórica. A partir do século XX vários estudos foram realizados com o objetivo de compreender melhor o desenvolvimento humano, inclusive acerca do período da adolescência. A sociedade passou a compreender as necessidades específicas desta fase do desenvolvimento, o que foi fundamental para combater o padrão autoritário e negligente dos pais, predominante até então, e responsável pelos abusos existentes em relação às crianças e aos adolescentes. Com base nessas novas informações, houve uma tendência maior a se focar os direitos e as necessidades emocionais das crianças e dos jovens.

Os estudos demonstram que filhos de pais indulgentes apresentam alguns indicadores positivos como bem-estar psicológico e afetividade, porém, apresentam também maior imaturidade, pouco envolvimento em atividades escolares, maior agressividade e impulsividade, altos índices de problemas de comportamento e baixa tolerância à frustração.

Em relação ao nível de stress, os filhos de pais indulgentes apresentaram os melhores resultados, mas é importante lembrar que esses pais são afetivos, empáticos e compreensivos com seus filhos, porém não estabelecem limites, nem regras e muito menos exigem algo deles. As exigências, punições e críticas são fontes significativas de stress e na ausência dessas a probabilidade de situações que desencadeiam a reação de stress tornam-se muito menor.

O apoio emocional que esses pais disponibilizam aos filhos cria um clima familiar de apoio e confiança que funciona como um fator protetor em relação ao stress excessivo. Porém, quando esse apoio torna-se excessivo causa outros tipos de comprometimentos aos filhos, pois eles precisam entrar em contato com a situação-problema para poder desenvolver formas de lidar com esse tipo de estressor.

A ausência das práticas de exigência e o excesso das práticas responsivas justificam os níveis baixos de stress nos filhos de pais indulgentes, mas nem por isso pode-se concluir que este é o melhor estilo para proteger os filhos do stress e de suas consequências. É necessário lembrar que filhos de pais indulgentes apresentam imaturidade emocional, intolerância à frustração e dificuldades para lidar com situações adversas. Sendo assim, o estilo indulgente não prepara a criança e o adolescente para lidar com as dificuldades da vida, pelo contrário, eles tendem a chegar à vida adulta sem estratégias para lidar com esses eventos, o que provavelmente os tornará vulneráveis ao stress.

A intolerância à frustração é consequência de práticas parentais indulgentes. São pais que não permitem que os filhos se frustrem e por isso fazem tudo por eles. Isso, na verdade, não os protege de nada, apenas os tornam ainda mais sensíveis ao stress. Quando adultos se frustrarão com maior frequência e não aceitarão as situações que não saem do jeito que eles querem. Pessoas assim tendem a ser intolerantes com os outros, acreditam que todos devam corresponder às suas expectativas como os pais sempre fizeram, gerando dificuldades em seus relacionamentos interpessoais.

Os adolescentes com baixa tolerância à frustração apresentam uma grande propensão a comportamentos de risco. Quando não conseguem ser aceitos pelos outros, frustram-se intensamente, mas não possuem estratégias saudáveis para lidar com essa situação. E nesse momento podem vir a aderir a comportamentos de risco que os tornarão mais aceitos dentro de algum grupo específico.

Apesar do estilo indulgente ter apresentado o melhor resultado em relação ao nível de stress dos adolescentes, não pode ser considerado o melhor estilo para a prevenção e o controle do stress, por desenvolver vulnerabilidade. Enquanto os pais conseguirem suprir as necessidades dos seus filhos, é provável que julguem estar fazendo o melhor para eles, mas quando isso não for possível, perceberão a inabilidade dos filhos para lidar com situações simples da vida.

ESTILO NEGLIGENTE

O padrão negligente caracteriza-se pela falta tanto da exigência quanto da responsividade. Pais negligentes não monitoram nem supervisionam os filhos, mas também não são afetivos. Não se envolvem com a educação dos filhos, não demonstram interesse nas atividades e nos sentimentos dos mesmos. Não oferecem condições para que os filhos discriminem o que é certo e o que é errado, o que leva a dificuldade em desenvolver comportamentos socialmente adequados no meio em que vivem. Filhos de pais negligentes sentem-se extremamente inseguros, não possuem ninguém para proteger nem para corrigir.

Weber, Prado, Viezzer e Brandenburg (2004) destacam a diferença entre o estilo parental negligente e a negligência abusiva, considerada uma violência contra a criança na literatura sobre maus-tratos. A negligência considerada como maus-tratos ocorre quando os pais ou responsáveis não suprem as necessidades básicas (necessidades físicas, sociais, psicológicas e intelectuais) dos filhos. Já o estilo parental negligente refere-se aos pais que não se envolvem com seus papéis de pais, distanciando-se cada vez mais de seus filhos até restar uma mínima relação funcional entre pais e filhos.

Apesar das inadequações dos pais autoritários, estes demonstram preocupação em estabelecer controle sobre o comportamento dos filhos. Já o estilo negligente, além dos pais não se envolverem com os filhos, também não se preocupam em estabelecer algum tipo de controle sobre os seus comportamentos. Os piores indicadores psicológicos são encontrados em filhos de pais negligentes que apresentam os menores índices de competência social e cognitiva e os maiores índices de problemas de comportamento. Também se observam em adolescentes, filhos de pais negligentes, os piores índices de ajustamento quando comparados aos outros três estilos.

Os filhos de pais negligentes apresentaram um dos piores índices em relação ao nível de stress. Não é difícil compreender esses resultados, uma vez que os pais negligentes não disponibilizam nenhum tipo de atenção aos filhos, seja para controlar seus comportamentos, seja para protegê-los. São pais indiferentes ao filho, que não mudam nada em suas vidas por causa dos filhos, priorizam a si mesmos e se preocupam em satisfazer apenas suas próprias vontades. Deixam o filho livre para fazer o que desejar, não demonstram preocupação com eles, não se disponibilizam para ajudá-lo e por isso não oferecem a eles as condições mínimas para seu desenvolvimento.

Essas práticas também agem como significativas fontes de stress para a criança e o adolescente, pois estes não se sentem seguros e precisam se virar desde muito cedo sozinhos. Tornam-se vulneráveis ao stress por serem expostos às adversidades da vida prematuramente e sem contar com o apoio dos pais, aumentando também a probabilidade de se envolverem em comportamentos de risco. Expor crianças e adolescentes a situações que fogem a suas capacidades, levando-os a um stress intenso e a um amadurecimento precoce, provavelmente ocasionará prejuízos ao seu desenvolvimento.

Nessa condição, fica praticamente improvável que adolescentes desenvolvam uma boa autoestima e autoconfiança. Não se sentem merecedores da atenção de seus próprios pais, então, como poderão se avaliar de forma positiva em relação aos outros? Serão adultos que se sentirão inferiores e terão dificuldades para estabelecer relacionamentos sociais, tendendo ao isolamento.

Os filhos de pais negligentes tendem a se perceberem inadequados em relação às outras pessoas e em muitas situações se tornam inadequados pela falta de orientação dos pais. São pessoas vulneráveis ao stress, pois apresentam rebaixamento da autoestima, autoimagem negativa, insegurança, inabilidade social, entre outras características pessoais que os expõem a um intenso sofrimento. Um adolescente com essas características sofre prejuízo irreversível em seu desenvolvimento. Seu isolamento e sua inadequação faz fortalecer cada vez mais sua autoimagem negativa, tendendo ao desenvolvimento de uma depressão.

É evidente que o comprometimento deste estilo é enorme para a vida da criança e do adolescente, seja com relação ao stress e a outros indicadores psicológicos. Mas infelizmente este estilo é bastante presente em nossa sociedade. Pesquisas nacionais e internacionais têm apontado o predomínio do estilo negligente, ao estilo autoritativo. A alta incidência de pais negligentes é preocupante, pois indica que um número significativo de pais não está sendo capaz de monitorar e proteger seus filhos. Segundo Hutz e Bardagir (2006), a falta de comprometimento de alguns pais não é somente uma questão de condição socioeconômica ou baixa escolaridade, mas uma condição que atinge todas as camadas sociais entre as famílias modernas.

ESTILO AUTORITATIVO

O padrão autoritativo (*authoritative*, no original) se caracteriza por um alto nível de exigência e também um alto nível de responsividade. Os pais autoritativos estabelecem regras e limites, mas, por serem responsivos, disponibilizam aos filhos as razões para o uso dessas regras, além de os envolverem na construção dessas regras. Conseguem ser afetivos, empáticos e compreensivos, mesmo quando estão implantando regras ou corrigindo os comportamentos inadequados. Respeitam os interesses individuais, as qualidades e competências de seus filhos, encorajando-os para a autonomia. Pais autoritativos demonstram interesse em participar da vida dos filhos, sabem onde estão, o que estão fazendo e com quem estão, mas realizam esse monitoramento de forma tranquila, sem que seus filhos se sintam vigiados.

A responsividade cria a condição ideal para que as regras, os limites e o monitoramento sejam implantados, sem a necessidade da imposição, da crítica e do julgamento dos pais em relação aos comportamentos dos filhos. Os pais autoritativos sabem usar tanto a punição quanto o elogio, mas de maneira contingente ao comportamento emitido pelo filho e ao contexto. Suas atitudes são coerentes, o que gera segurança aos filhos, além de torná-los mais aptos para discriminar a relação entre o seu comportamento e o ambiente. A criança e o adolescente podem muitas vezes não aceitar as atitudes dos pais autoritativos, mas compreendem os motivos, e o controle é obtido por meio do respeito e do afeto estabelecidos no relacionamento pai-filho.

As pesquisas têm apontado o estilo parental autoritativo como o que mais favorece o desenvolvimento de crianças e adolescentes. Os indicadores dessa competência são: independência, cooperação com pares e adultos, maturidade psicossocial, sucesso acadêmico, maior responsabilidade social, maior autoestima, maiores índices de motivação para a realização, sentimento de controle sobre os eventos de vida, competência social e cognitiva, menor envolvimento com delinquência e uso de drogas e baixos índices de problemas comportamentais.

Quanto ao nível de stress, os filhos de pais autoritativos apresentaram o segundo melhor resultado, o que vai ao encontro de outras pesquisas que aponta esse estilo como o que mais oferece benefícios ao desenvolvimento da criança e do adolescente. Esse resultado também possibilita compreender que as exigências dos pais só funcionarão como fonte de stress para os filhos, quando for excessiva e inadequada, como a dos pais autoritários. A combinação entre a exigência e a responsividade possibilita que exista controle, mas de forma coerente, o que parece tornar este estilo a melhor opção em relação ao stress e também em relação a outros indicadores psicológicos.

Os pais autoritativos conseguem expor seus filhos de forma adequada às adversidades, levando sempre em consideração sua idade e suas condições. Isso promove o contexto ideal para que a criança e o adolescente desenvolvam suas próprias estratégias, tornando-se resistentes ao stress. Por permitir o desenvolvimento de bons indicadores psicológicos, como autoestima, autoconfiança, habilidades sociais e autonomia, os filhos de pais autoritativos tornam-se mais competentes e habilidosos, tanto cognitiva quanto emocionalmente. Esses indicadores psicológicos também dificultam o desenvolvimento de padrões de pensamentos inadequados e inflexíveis, prevenindo o desenvolvimento de uma vulnerabilidade ao stress.

O estilo autoritativo exige bastante dos pais, pois estes buscam equilibrar dois aspectos fundamentais da relação pais-filhos, a exigência (controle) e a responsividade (afetividade). É mais fácil fazer uso de um único padrão, pois independentemente do que ocorra, os pais vão agir da mesma maneira. Mas como já foi descrito anteriormente, essa falta de coerência não beneficia o desenvolvimento da criança e do adolescente. Saber analisar a situação, ser sensível ao sentimento do filho e escolher a melhor postura para a ocasião, sem dúvida, requer dos pais muita habilidade, autoconhecimento e flexibilidade.

CONSIDERAÇÕES FINAIS

O estilo parental exerce influência no nível de stress do adolescente e também no desenvolvimento de vulnerabilidades ao stress. As práticas que englobam uma exigência excessiva e inadequada (pais autoritários) demonstraram funcionar como fonte de stress para os filhos. Já a afetividade, o respeito, a empatia e o diálogo (práticas responsivas) proporcionam um apoio emocional ao jovem, ajudando-o a lidar com o stress de forma mais adequada e assim minimizando seu impacto negativo. Porém, implementar essas práticas responsivas não significa adotar um estilo indulgente, mas buscar conversar com o filho, saber como ele se sente, disponibilizar carinho, atenção, afeto etc. Para ser responsivo não é necessário abrir mão das regras e limites, pois é o equilíbrio dessas duas dimensões que tem apontado os melhores indicadores em relação ao desenvolvimento dos filhos, e agora também em relação ao stress (estilo autoritativo).

O estilo autoritativo é fruto de uma evolução das práticas educativas, que atualmente tem buscado construir uma harmonia entre o controle do comportamento dos filhos e a afetividade. Os pais que tendem a adotar este estilo são os que se disponibilizam a pensar constantemente sobre a educação de seus filhos, como também a pensar sobre si mesmos. Muito do que acreditamos estará intrinsecamente relacionado à conduta que vamos utilizar. Tendem também a ser pais que possuem um maior autoconhecimento e, por isso, conseguem ser mais flexíveis e habilidosos.

A contribuição maior destes estudos está na consciência da relevância dos estilos parentais no desenvolvimento dos filhos. É importante que os pais assimilem essas informações de forma produtiva e não como uma fonte de stress, geradora de ansiedade e culpa. O estudo do estilo parental possibilita que os pais pensem sobre suas práticas educativas e busquem assim adequá-las às necessidades de seus filhos, ou melhor, adequá-las aos seus próprios objetivos. Muitas vezes os pais buscam intensamente colaborar para o bom desenvolvimento de seus filhos, mas a falta de informações adequadas faz com que adotem práticas que não os conduzem a esse objetivo.

É necessário que os pais analisem suas práticas e conheçam suas tendências, se costumam facilmente dizer não aos filhos, ou se têm dificuldade para negar algo a eles; se conseguem expressar seus sentimentos, ou se têm dificuldade para dizer o que sentem, se seu modo de falar é impositivo, ou se conseguem utilizar diferentes formas de comunicação. Conhecer suas tendências possibilita identificar suas dificuldades e quais aspectos precisam ser desenvolvidos ou aperfeiçoados.

Muitos pais autoritários não se percebem assim, sempre justificam suas condutas dizendo que é para o bem dos filhos, que é para motivar, para dar exemplo e para ensinar. Da mesma forma, muitos pais indulgentes não percebem o quanto agem de forma responsiva aos filhos e, quando questionados, também dizem que fazem isso para o bem dos filhos, para que eles se sintam amados. Mas o que define uma conduta parental não é a intenção dos pais quando as utilizam, mas, sim, suas práticas, atitudes e expressões diante dos filhos. A melhor postura é aquela que gera boas condições para o desenvolvimento das crianças e dos adolescentes, pois de nada adianta eu ter uma boa intenção se a forma como eu me relaciono com meus filhos não é efetiva.

O estudo sobre estilos parentais é de grande relevância, uma vez que envolve a família e consequentemente toda a sociedade. Todas as pessoas receberam uma educação que, com certeza, foi muito importante para que elas sejam do jeito que são. Não é preciso que os pais se classifiquem em um dos estilos parentais. Essa definição possibilita a elaboração de pesquisas nesta área, que, por sua vez, traz até os pais informações relevantes sobre as práticas parentais. O fundamental é que os pais pensem na conduta que têm utilizado e também analisem as consequências que essas condutas têm gerado até o momento. Mais do que se perguntar se é um pai (ou uma mãe) autoritário(a), negligente, indulgente ou autoritativo(a), vale analisar se suas práticas educativas geram autonomia, autoestima, autoconfiança e outras características fundamentais para o bem-estar do seu filho.

Colocar-se no lugar do filho também ajuda os pais a analisarem melhor as consequências de suas práticas. É comum ouvir comentários dos pais dizendo ao filho: "Eu na sua idade já trabalhava, já ajudava meus pais, já era independente...". Quando perguntado aos pais os motivos pelos quais eles usam esses comentários, dizem que é para motivar os filhos e para dar exemplo. Então busque se colocar no lugar desse filho e pense em como você se sentiria se tivesse a idade dele e ouvisse do seu pai ou da sua mãe esse mesmo comentário. Será que você se sentiria motivado e valorizado? Na verdade, esse tipo de comentário tende a valorizar mais os pais do que os filhos, já que mostram o quanto eles eram melhores que os filhos quando tinham sua idade. Sendo assim, não é uma fala que gera autoconfiança e autoestima. Ao filho pode causar a sensação de realizar sempre menos do que esperam dele, de ser incapaz de corresponder às expectativas ou de ser inferior aos outros.

Realmente pensar sobre as próprias atitudes não é um exercício fácil, muitas vezes assusta os pais e os fazem sentir que estão perdendo o controle. Mas, quando esse processo é realizado de forma gradual, buscando trabalhar um tema de cada vez, gera muita satisfação. É fundamental que os pais tenham acesso às práticas educativas eficazes, para criar e manter um repertório de comportamentos adequados, desenvolver habilidades sociais e manter um clima familiar de respeito e compreensão. A sociedade como um todo estaria sendo beneficiada por essas práticas, estaríamos criando ambientes mais saudáveis para as crianças e os adolescentes, que, por sua vez, serão os pais de amanhã.

REFERÊNCIAS BIBLIOGRÁFICAS

Baumrind, D. (1971). Current patterns of parental authority. *Developmental Psychology Monograph, 4* (1, pt. 2), 1-103.

Baumrind, D. (1991). Effective parenting during the early adolescent transition. In P. A. Cowan & M. Hetherington (Org.). *Family Transitions* (pp. 111-163). New Jersey, EUA: Lawrence Earlbaum Associates Publishers.

Costa, F. T., Teixeira, M. A. P. & Gomes, W. B. (2000). Responsividade e exigência: duas escalas para avaliar estilos parentais. *Psicologia: Reflexão e Crítica,* 13, 465-473.

Darling, N. & Steinberg, L. (1993). Parenting style as context: An integrative model. *Psychological Bulletin, 113*(3), 487-493.

Hutz, C. S., & Bardagir, M. P. (2006). Indecisão profissional, ansiedade e depressão na adolescência: A influência dos estilos parentais. *Psico USF, 11*(1), 65-73.

Justo, A. P. (2005a). *A Influência do estilo parental no stress do adolescente.* Dissertação de mestrado, Curso de Pós-Graduação em Psicologia, Pontifícia Universidade Católica de Campinas, Campinas, SP, Brasil.

Justo, A. P. (2005b). Fontes de stress na adolescência: diferenças entre meninas e meninos. Congresso Brasileiro de Stress (Org.), *Anais do II Congresso Brasileiro de Stress* (pp.191). São Paulo: CBS.

Lamborn, S. D., Mounts, N. S., Steinberg, L. & Dornbusch, S. M. (1991). Patterns of competence and adjustment among adolescents from authoritative, authoritarian, indulgent, and neglectful families. *Child Development, 62,* 1049-1065.

Leal, E. Q. (2001). *Stress em adolescentes: Avaliação dos principais sintomas.* Dissertação de Mestrado, Curso de Pós-graduação em Ciências do Desenvolvimento Humano, Universidade Federa da Paraíba, João Pessoa, PB, Brasil.

Lipp, M. E. N. (1996). Stress: conceitos básicos. Em M. E. N. Lipp (Org.). *Pesquisas sobre stress no Brasil: saúde, ocupações e grupos de risco* (pp. 17-31). Campinas: Papirus.

Lipp, M. E. N. (2004). O diagnóstico do stress em adultos. Em M. E. N. Lipp (Org.). *O stress no Brasil: pesquisas avançadas* (pp. 53-58). Campinas: Papirus.

Maccoby, E. E. & Martin, J. (1983). Socialization in the context of the family: Parent child interaction. In E. M. Heteringhton (Org.). *Mussen Manual of Child Psychology* (pp.1-10). New York: Wiley.

Oliveira, E. A, Marin, A. H., Pires, F. B., Frizzo, G. B., Ravanello, T. & Rossato, C. (2002). Estilos parentais autoritário e democrático-recíproco intergeracionais, conflito conjugal e comportamentos de externalização e internalização. *Psicologia Reflexão e Crítica, 15,* 1-11.

Teixeira, M. A. P., Bardagi, M. P. & Gomes, W. B. (2004). Refinamento de um instrumento para avaliar responsividade e exigência parental percebidas na adolescência. *Avaliação Psicológica, 3,* 1-12.

Tricoli, V. (2002). *Escala de Stress para Adolescentes: Criação e validação*. Tese de Doutorado, Curso de Pós-graduação em Psicologia, Pontifícia Universidade Católica de Campinas, Campinas, SP, Brasil.

Tricoli, V. A. C. & Bignotto, M. M. (1999). Aprendendo a se estressar na infância. Em M. E. N. Lipp (Org.). *O stress está dentro de você* (pp. 113-126). São Paulo: Contexto.

Weber, L. N. D., Prado, P. M., Viezzer, A. P. & Brandenburg, O. J. (2004). Identificação de estilos parentais: o ponto de vista dos pais e dos filhos. *Psicologia: Reflexão e Crítica, 17*(4), 323-331.

Capítulo 5

A INFLUÊNCIA DO STRESS SOBRE O USO DE DROGAS NA ADOLESCÊNCIA

Iracema Francisco Frade

ADOLESCÊNCIA

A adolescência tem sido considerada uma etapa própria do desenvolvimento, sendo esse período, frequentemente marcado por muitos desafios e turbulências. Além das transformações fisiológicas, psicológicas e emocionais, tornar-se adolescente demanda a aquisição de uma postura frente às expectativas da sociedade, determinadas principalmente pelos fatores socioeconômicos e culturais relacionados ao meio no qual o jovem está inserido (Smetana, Yau, Restrepo & Braeges, 1991). Entretanto, paralelamente a essa visão, que aponta uma *"síndrome normal da adolescência"*, vêm surgindo reflexões interessantes sobre a adolescência como uma construção histórica com vários significados sociais, na qual a mídia desempenha um papel importante, uma vez que as informações veiculadas contribuem de alguma maneira com o grau de visão que o adolescente tem de si mesmo e do mundo (Ozella, 2002).

Sob o paradigma da adolescência como um fenômeno biopsicossocial, a formação da identidade do adolescente, é considerada a partir da contribuição de diversos fatores, que proveem da hereditariedade e do meio ambiente, com importante interação da aprendizagem e da maturação. Esse processo geralmente é permeado pela insegurança e incertezas em relação a si mesmo e ao mundo, podendo tornar-se estressante para muitos jovens. Podem surgir confrontos com os pais em relação ao controle do comportamento e à autonomia, além de uma série de mudanças envolvendo o trabalho, a escola e a independência financeira (Smetana et al., 1991). Adicionalmente, outros estudos mostram que nem todos os adolescentes experimentam o stress, apesar dos desafios e conflitos desta fase.

ADOLESCÊNCIA E STRESS

O stress é muito mencionado atualmente, porém sua definição nem sempre é muito clara, pelo fato de não ser uma reação única, mas um processo que envolve múltiplos aspectos, como a percepção do evento estressor, a sua avaliação cognitiva e afetiva, o desenvolvimento de estratégias para o seu enfrentamento e a apresentação de respostas biológicas, comportamentais e cognitivas que visam à manutenção do equilíbrio (*homeostase*). As respostas adaptativas para restabelecer a *homeostase* podem ser inadequadas quanto à intensidade e duração e, em quaisquer destes casos, um estado de equilíbrio esperado não é alcançado, podendo resultar em patologia. Frequentemente pode-se observar três formas espontâneas para lidar com o stress: a ação focalizada no evento estressor, a focalizada na emoção e a evitação (Chrousos, 1998).

Hans Selye (1956) foi o primeiro pesquisador a definir a resposta ao stress como um traço comum a toda atividade biológica, postulando que, frente aos estressores, o organismo desenvolve um conjunto de reações não específicas, a que denominou de Síndrome Geral de Adaptação (SAG). Essas alterações manifestam-se em três fases distintas: fase de alarme ou alerta, fase de resistência e fase de exaustão. Esse pesquisador foi influenciado pelas descobertas de dois fisiologistas: Claude Bernard (1879) sugeriu que o ambiente interno dos organismos deve permanecer constante apesar das mudanças no ambiente externo; e Cannon (1939) introduziu o termo *homeostase* para designar "um processo fisiológico coordenado que mantém a maioria dos estados de equilíbrio interno do organismo".

FASES DO STRESS

A primeira fase do stress destacada por Selye foi chamada de *alarme ou alerta* e se refere à resposta aguda aos agentes estressores. O organismo, ao entrar em contato com o estressor, aciona o sistema neuroendócrino. Inicialmente há o envolvimento do *lócus coeruleus* que ativa o sistema nervoso autônomo (SNA), em sua porção simpática. A ativação do SNA é responsável por alterações fisiológicas como o aumento da frequência cardíaca, do fluxo sanguíneo para os músculos, o aumento da glicemia, do metabolismo celular e da atividade mental, permitindo maior desempenho físico. Além disso, fornece uma quantidade suficiente de ansiedade como requisito psicológico para a manutenção do estado de alerta, tornando viáveis as possibilidades de "luta" ou "fuga" (Selye, 1956).

Na fase seguinte, a de *resistência,* os sistemas nervoso e endócrino (hormonal) desempenham um papel importante, e o organismo utiliza as suas reservas para manter a *homeostase* e tentar se adaptar. Há aumento no volume da adrenal e, ao mesmo tempo, uma atrofia no baço e das estruturas linfáticas, assim como um continuado aumento dos glóbulos brancos no sangue (leucocitose). Os sintomas que geralmente aparecem são sensação de desgaste generalizado e dificuldades de memória. Embora o organismo esteja mais suscetível às doenças, se o estressor for eliminado, o indivíduo poderá se recuperar sem maiores prejuízos; entretanto, se o estímulo estressor permanece, o processo para o terceiro estágio se inicia e podem aparecer doenças associadas às condições estressantes (Selye, 1956).

Na terceira fase, a de *exaustão,* os mecanismos de adaptação começam a falhar e ocorre um déficit de reserva de energia. As reações biológicas que aparecem são semelhantes às da reação de *alarme*, porém abarca maiores níveis de comprometimento físico, pois o organismo perde a capacidade de equilibrar-se por si só (Selye, 1956). Após a fase de esgotamento, poderá se observar o surgimento de algumas doenças, tais como a úlcera péptica, a hipertensão arterial, artrites e lesões miocárdicas. Segundo Graeff (2003), na hipótese estabelecida por J. F. W Deakin, "a falência do sistema de resistência ao stress crônico inevitável resultaria em transtorno depressivo, sendo o hipocampo a estrutura crítica".

Recentemente, no decorrer da padronização do Inventário de Sintomas de Stress para Adultos (ISSL), Lipp (2000) identificou, tanto clínica quanto estatisticamente, uma quarta fase ao modelo trifásico de Selye, que foi denominada de *quase exaustão*, correspondendo à segunda metade da fase de resistência. Nesta fase, podem surgir algumas doenças; entretanto, o indivíduo ainda consegue ser produtivo.

Na literatura encontram-se inúmeros artigos publicados sobre o stress e as doenças a ele relacionadas, porém, ainda não existe unanimidade quanto a uma definição científica consensual e suficiente para o termo.

De acordo com McEwen e Lasley (2003), a maioria das definições sobre o stress está ultrapassada. Os autores ressaltam que a reação ao estresse provoca mudanças importantes no organismo e propõem o termo *alostase* em substituição ao conceito de *homeostase*. *Alostase* foi definida como a habilidade do organismo em manter a estabilidade do meio interno, mediante qualquer tipo de mudança. É um processo ativo de adaptação, que envolve vários tipos de respostas biológicas dos sistemas nervoso, endócrino e imunológico. Segundo os autores, a expressão *alostase* permite uma melhor compreensão da reação de luta ou fuga. A raiz grega *állos* significa variável e enfatiza a noção de que os sistemas *alostáticos* ajudam a manter o corpo estável devido ao fato de que eles próprios têm a capacidade de mudar, enquanto que a homeostasia é descrita como a necessidade do organismo manter um estado interno estável. A palavra vem das raízes gregas *hómoios,* que significa semelhante, da mesma natureza, e *stásis*, que significa estável – "permanecer estável por continuar mantendo a mesma natureza".

A homeostasia ainda diz respeito à necessidade do organismo em manter constantes alguns processos, bem como muitas condições corporais, que devem continuar as mesmas, ou pelo menos, manter-se sob limites mais estritos, tais como a temperatura do corpo ou a quantidade de oxigênio que chega ao cérebro, dentre outros. Concomitantemente, existem outras funções em nosso organismo que precisam operar dentro de uma variação mais ampla, isto é, por essa possibilidade de variação maior é que a homeostasia interna se mantém. Portanto, algumas vezes é vantajosa a capacidade do organismo produzir variações em suas funções, que promovam uma melhor adaptação às demandas impostas pelo meio. A exemplo disso existem funções como o batimento cardíaco, a respiração, a quantidade de glicose no sangue e a quantidade de gordura armazenada que podem variar desse modo. Sob esse ponto vista, a expressão *alostase* é considerada mais apropriada (McEwen & Lasley, 2003).

A *alostase* tem por finalidade ajudar o organismo a permanecer estável diante de qualquer mudança ou situações ameaçadoras e fornecer energia suficiente para enfrentar os desafios que se apresentam. O sistema de reação ao stress somente começa a causar doenças quando o processo alostático funciona de maneira imprópria e não é suficiente para produzir respostas adaptativas como, por exemplo, quando uma pessoa parece não se acalmar após uma discussão e seu pulso continua acelerado horas depois. Entretanto, nem sempre a carga alostática é o fracasso do organismo para enfrentar os desafios. Nós podemos criá-la a partir de comportamentos que podem promover o desequilíbrio interno, como a privação do sono ou a falta de exercícios regulares (McEwen & Lasley, 2003).

STRESS E ANSIEDADE

Outro aspecto a ser considerado em relação ao stress, é a falta de distinção entre a palavra stress e ansiedade. A palavra stress frequentemente é utilizada para designar estados emocionais, geralmente aparecendo nas discussões sobre ansiedade. Os pesquisadores Andrade e Gorestein (1998) definem a ansiedade como "um estado emocional com componentes psicológicos e fisiológicos, que faz parte do espectro normal das experiências humanas". Quando os circuitos do stress no cérebro são ativados em um "nível não muito alto", promove baixos níveis de ansiedade e aumento no desempenho físico e de sentimentos de prazer como, por exemplo, quando se pratica esportes radicais. Por outro lado, níveis muito altos de ansiedade se tornam prejudiciais e esta passa a ser patológica quando não é proporcional à situação que a desencadeia, ou quando não existe um objeto específico ao qual se direcione.

Existem várias teorias que destacam a relação do stress e da ansiedade no uso de drogas. A teoria redutora de tensão, por exemplo, enfatiza que as pessoas consomem álcool pelo seu efeito ansiolítico e redutor de tensão (Conger, 1956). Nos indivíduos com a crença no poder do uso de álcool para diminuir os sentimentos de desprazer e de ansiedade associados ao stress, o consumo de álcool tenderia a ser elevado e eles poderiam estar mais propensos ao uso. No que se refere à adolescência, as mudanças físicas e psicológicas que ocorrem muitas vezes vêm acompanhadas de uma ansiedade excessiva. O jovem tendo como modelo comportamentos familiares, à maneira do adulto, tenta enfrentá-la consumindo álcool (Schenker & Minayo, 2005). Paralelamente, pesquisas têm demonstrado que o abuso ou a dependência de drogas traz uma grande variedade de consequências sociais e na saúde dos indivíduos, aumentando as chances de transtornos mentais, como ansiedade e depressão.

Alguns estudos têm apontado para a diferença de sexo na resposta ao stress. Na fase da adolescência, ao mesmo tempo em que o controle dos pais diminui, os jovens tornam-se menos resistentes à influência e à pressão de seus pares. Essa tendência de ceder às influências do grupo de iguais é evidente principalmente em garotos, que, em geral, apresentam maior tendência para comportamentos externalizados como o uso de drogas e o vandalismo. Esses comportamentos, por sua vez, precipitam eventos estressores como suspensão na escola ou problemas com a lei, entre outros. Em garotas, prevalece o stress interpessoal e os comportamentos internalizados como a depressão (Hoffmann & Su, 1998; Hoffmann, Cerbone & Su, 2000).

No Brasil, Frade (2004) realizou um estudo com 979 estudantes de ambos os sexos, com idades entre 12 e 19 anos, com o objetivo de avaliar a relação entre o stress e o uso de drogas na adolescência. Foram utilizados para essa finalidade, instrumentos padronizados e validados para a população brasileira: a Escala de Stress para adolescentes (Tricoli, 2002) e o DUSI: questionário que avalia, além do uso de drogas, as diversas áreas de problemas associadas ao uso (De Michele & Formigoni, 2000). Estes instrumentos detectaram uma associação significativa entre o stress e uso de drogas em adolescentes de menor faixa etária (abaixo de 14 anos). Em adolescentes mais velhos (acima de 16 anos), como era de se esperar, observou-se aumento significativo do uso de drogas, contudo este aumento do uso não estava associado ao stress. Esses dados corroboraram os de outros pesquisadores que encontraram evidências de que a força da associação entre o stress e o uso de drogas diminui com a idade, talvez pelo fato de que os adolescentes mais velhos, já desenvolveram outros mecanismos de enfrentamento para lidar com as situações estressantes.

A adolescência tem sido considerada um período crítico no ciclo vital para a iniciação ao uso de drogas, seja como mera experimentação, seja como uso abusivo. Além dos sentimentos contraditórios que permeiam essa fase, surgem novas exigências familiares e sociais, e o adolescente, que ainda não é adulto e também já não é mais criança, sente-se confuso podendo descobrir que o uso de substâncias, de certa forma, abranda seus momentos de angústia na busca de um novo sentido para a vida.

ETIOLOGIA DO USO DE DROGAS

O uso de drogas é um fenômeno multidimensional e bastante antigo na história da humanidade, envolve questões complexas tanto na vida individual quanto na vida social e para que possa ser mais bem compreendido, deve-se levar em conta o contexto sociocultural no qual está inserido.

Os levantamentos epidemiológicos realizados no Brasil com estudantes apontam cada vez mais a precocidade de experimentação de drogas entre adolescentes, principalmente as drogas lícitas como o álcool e o tabaco. Segundo os pesquisadores Galduróz, Noto e Carlini, (1997), na faixa dos 10 aos 12 anos, 51,2% dos estudantes já haviam feito uso de álcool, 11% de tabaco e 11,7% de outras drogas. Em outro estudo, tendo por objetivo a adaptação e validação do *Drug Use Screening*

Inventory (DUSI), para uso em adolescentes brasileiros, De Michele e Formigoni (2000) verificaram que, em uma amostra representativa de 6.417 estudantes em escolas públicas na cidade de Barueri – SP, 17% dos estudantes entre 10 e 12 anos relataram ter feito uso de álcool, e 8,5% afirmaram ter feito uso de outras drogas, sendo que destes 3,5% faziam uso frequente.

As causas detectadas como fatores de risco para o uso e o abuso de substâncias psicoativas (lícitas ou ilícitas), na adolescência, são bastante complexas e alvo de muitas discussões. Estes fatores de risco perpassam pelos aspectos culturais, interpessoais, psicológicos e biológicos. Dentre eles podemos enumerar: a disponibilidade das substâncias, as leis, as normas sociais, a influência dos pares, a curiosidade, as privações econômicas, o uso de drogas pelos familiares ou atitudes permissivas frente ao uso, conflitos familiares, comportamento problemático (agressivo, rebelde ou alienado), baixo rendimento escolar, início precoce do uso e vulnerabilidade individual ao efeito de drogas (Newcomb, 1995).

No que se refere às drogas lícitas como o álcool e o tabaco, de modo geral, tanto as famílias quanto a sociedade são mais permissivas em relação ao seu consumo, aceitando com certa naturalidade e tolerância a presença dessas drogas dentro de casa. Desse modo, consumir álcool em momentos de comemoração e na convivência grupal, por exemplo, pode parecer apropriado para o adolescente.

Vale salientar ainda que as drogas podem ter uma função importante para os jovens, tanto do ponto de vista pessoal quanto social. Pesquisas mostram que os comportamentos de enfrentamento de risco são funcionais e dirigidos para o desenvolvimento apropriado do adolescente. Fumar, beber, dirigir em alta velocidade ou exercer atividade sexual precoce podem ser atitudes tomadas tendo como finalidade ser aceito e respeitado pelos pares, conseguir autonomia em relação aos pais, desafiar normas e valores da autoridade convencional, lidar com a ansiedade, a frustração e a antecipação do fracasso na busca de sua autoafirmação, nesta fase de transição para a vida adulta (Schenker & Minayo, 2005).

Sendo assim, o uso ocasional de drogas na adolescência pode ser entendido como a manifestação de uma experimentação, que até certo ponto não é discrepante desta fase, dada à curiosidade em relação ao que é novo, não se esperando que os jovens façam uso abusivo. Entretanto, nem todos os adolescentes conseguem ter controle sobre o uso ocasional de drogas. A dificuldade se instala quando fatores como a vulnerabilidade individual se correlaciona com outros fatores que veremos a seguir, e a droga que inicialmente era utilizada como experimentação passa a ser usada abusivamente, causando dependência.

FATORES DE RISCO

Desde a Antiguidade, o uso de drogas está presente em diversas culturas e quatro elementos têm sido apontados como inversamente correlacionados ao seu uso: vínculo forte com os pais, compromisso com a escola, envolvimento regular em atividades da igreja ou de outros movimentos e crença nas expectativas gerais, normas e valores da sociedade (Hawkins, Catalano & Miller, 1992). No entanto, vale ressaltar que alguns fatores podem funcionar como risco ou como proteção, dependendo do contexto e de uma série de variáveis.

Fatores de risco são definidos como sendo as condições que potencialmente contribuem para a ocorrência de resultados negativos à saúde, ao bem-estar e ao desempenho social, não podendo ser vistos de forma isolada ou independente, mas, sim, de maneira que estejam inter-relacionados. Por exemplo: quanto mais intenso é o uso de drogas, maior é a probabilidade da manifestação de seus efeitos nocivos no organismo de pessoas vulneráveis ao uso (Newcomb, Huba & Bentler, 1986).

Vários são os fatores de risco que podem influenciar o comportamento dos adolescentes em relação ao uso abusivo de drogas, dentre eles, podemos citar a vulnerabilidade individual; a atitude positiva da família em relação ao uso; a educação autoritária associada a pouca ou nenhuma afetividade nas relações; as práticas disciplinares coercitivas; o excesso de permissividade; as dificuldades no estabelecimento de limites; o monitoramento parental inadequado e conflitos familiares, dentre outros (Hoffmann & Cerbone, 2002).

O envolvimento com o grupo também tem sido considerado um fator de risco quando os amigos são considerados modelos de comportamento e aprovam ou consomem drogas (Hoffmann & Cerbone, 2002). Na adolescência, o jovem que faz parte do grupo sente-se mais forte e menos solitário. As atitudes estabelecidas geralmente são aceitas, pois o grupo fornece suporte emocional e aprovação. No entanto, o adolescente que se liga a esses pares pode dar indícios de que a probabilidade do uso de drogas pode estar associada a uma combinação de fatores individuais, familiares e sociais adversos.

Em relação à escola, seu papel como agente transformador é fundamental. Porém, paralelamente, é o local onde se acentuam as condições para o uso de substâncias. Fatores específicos como pouco ou nenhum engajamento familiar nas atividades escolares, o envolvimento com pares que usam drogas, a falta de motivação para os estudos, o fracasso e o mau desempenho escolar podem predispor os adolescentes ao uso.

Podemos citar ainda outros facilitadores, como a disponibilidade ou a presença da droga na comunidade e a mídia, cujos anúncios retratam, por exemplo, o uso de cigarro e álcool como sendo mediadores de fama e sucesso (Schenker & Minayo, 2005). Cabe ressaltar, entretanto, que o uso de drogas frequentemente tem sido relatado para lidar com situações de stress e como automedicação. Uma situação estressante como a morte, doenças em familiares ou amigos, mudanças de escola, de residência, entre outras, pode predispor ao uso de drogas quando esses fatores se associam às predisposições individuais. Entretanto, ainda não são claras as conclusões quanto à causalidade da relação entre o stress e o uso de drogas, devido às variáveis complexas que envolvem a interação desses dois fatores.

De qualquer maneira, compreender a dimensão da falta de controle e da imprevisibilidade de uma situação considerada estressante é um aspecto importante para entender o papel do stress e sua relação no aumento do abuso de substâncias, uma vez que tipos específicos de experiências estressantes no início da vida podem aumentar a vulnerabilidade ao uso de drogas. No que se refere à adolescência, embora o stress seja um indicativo para o risco de uso de substâncias, algumas características do jovem e do ambiente moderam a associação entre esses fatores.

FATORES DE PROTEÇÃO

São fatores que em determinados contextos podem ser confirmados pela experiência clínica e empírica como importantes para promover o crescimento adequado do adolescente e evitar que ocorram riscos de dependência. Em outras palavras, podemos dizer que modificam ou alteram a resposta de uma pessoa frente a uma ameaça no contexto socioambiental. Podem ser identificados nas diversas áreas da vida como: individual (atitudes e predisposições); familiar (atitudes parentais); escola; amigos; sociedade e comunidade.

Todavia, adolescentes que têm objetivos definidos e investem no futuro apresentam menor possibilidade de usar drogas, porque o uso interfere nos seus projetos de vida. Paralelamente, a elevada autoestima, sentimentos de valor, orgulho, habilidade, respeito e satisfação com a vida podem servir de proteção aos jovens contra a dependência de drogas quando se correlacionam com outros fatores protetores existentes no meio ao qual o jovem está inserido (Hoffmann & Cerbone, 2002).

Dessa maneira, pode-se observar que os fatores estressantes na vida não são necessariamente prejudiciais e, de acordo com as circunstâncias individuais e ambientais, permitem elaboração e desenvolvimento interior dos jovens, constituindo-se em elementos de fortalecimento e amadurecimento (Schenker & Minayo, 2005). Seus efeitos positivos ou negativos estão associados à forma como uma situação é interpretada. Por exemplo: para uma criança, a experiência da rejeição pode ter efeitos negativos imediatos na cognição social, na autoimagem e na autoestima, enquanto que, para outra, os efeitos podem ser saudáveis no ajustamento de longo prazo, motivando-a a uma mudança de comportamento de forma a ser aceita no futuro.

Sob esse ponto de vista, pode-se indagar por que algumas pessoas criadas em situações desfavoráveis conseguem mobilizar recursos para administrar as dificuldades que surgem, e outras parecem que nunca superam as adversidades experimentadas.

O modo como a pessoa administra as adversidades ou situações estressantes é chamado de enfrentamento ou uma resposta de *coping*, independentemente do sucesso ou fracasso que tenha alcançado. O *coping* tem sido definido como os esforços cognitivos e comportamentais para lidar com dificuldades, que se apresentam superiores aos recursos da pessoa e duas estratégias principais são utilizadas: o *coping* centrado no problema e o *coping* centrado na emoção (Lazarus & Folkman, 1984). O *coping* centrado no problema visa concentrar esforços no sentido de solucionar o problema, e o *coping* centrado na emoção busca regular o estado emocional que a situação estressante acarreta, como, por exemplo, ingerindo álcool ou tranquilizantes, como forma de lidar com as emoções negativas. O *coping* centrado na emoção frequentemente surge no final da infância e predomina durante a adolescência ou início da idade adulta (Compas, 1987).

Os mecanismos de *coping* instalam-se ao longo do desenvolvimento humano e as estratégias utilizadas irão depender de atributos individuais, familiares e ambientais, e, uma vez estabelecidas, funcionam como importante fator de proteção ao risco, proporcionando *resiliência*, ou seja, a capacidade de se recuperar ou se adaptar com maior facilidade diante de situações de mudanças, desde que sejam ativadas para resolução de dificuldades. Atualmente, muitos estudos foram desenvolvidos no sentido de evidenciar os fatores protetores como um processo de formação da *resiliência*, mudando paradigmas anteriores de abordagens focadas em fatores de riscos (Schenker & Minayo, 2005).

Uma personalidade *resiliente* se forma a partir de um ambiente familiar no qual se manifestam o envolvimento familiar com expectativas claras relativas ao comportamento, ao monitoramento do desempenho, à promoção de atividades que favoreçam à socialização e ao desenvolvimento das habilidades acadêmicas e sociais (Hawkins et al., 1992).

A definição de *resiliência* é bastante variada, muito embora a compreensão de seu conceito envolva o intercâmbio entre a adversidade e os fatores de proteção internos e externos ao indivíduo, a capacidade de resistência aos eventos estressantes, bem como o de se recobrar facilmente ou de se adaptar às mudanças, estando associada à autoestima elevada e ao senso de controle sobre a própria vida.

Esse padrão de comportamento "autoprotetor", frente a níveis elevados de stress geralmente é específico a determinados grupos. Em uma revisão de literatura sobre a epidemiologia, a etiologia e as consequências do uso de álcool e outras drogas em americanos adultos e jovens brancos, negros e hispânicos, apesar dos fatores socioeconômicos servirem como facilitadores ao uso ou abuso de substâncias, a identidade étnica e a maior participação em grupos étnicos funcionaram como mecanismos protetores contra o abuso de álcool e de outras drogas (Wallace, 1999).

A *resiliência*, como fator de proteção em crianças e adolescentes está associada a vários outros fatores que podem ser: a) individual: como autoimagem positiva e estratégias ativas na forma de lidar com os problemas; b) familiares: como suporte, segurança, relacionamento adequado e harmonia com os pais e; c) extrafamiliares ou ambientais, nos quais o suporte de pessoas significativas ou experiências escolares positivas tem importante papel.

A escola é considerada um agente socializador da criança e do adolescente, consequentemente, tem sido vista como um instrumento de *resiliência*, na medida em que reúne em seu interior a comunidade de iguais, além de possuir instrumentos potenciais que atuam na promoção da autoestima e autodesenvolvimento (Schenker & Minayo, 2005).

Embora muitos estudos têm apontado a amizade entre jovens como um fator de risco, sabe-se que um grupo de amigos pode igualmente servir de proteção, principalmente quando existe solidariedade e possuem objetivos e expectativas de realização em relação ao futuro (Schenker & Minayo, 2005).

A família é uma instituição bastante antiga na história da sociedade e do indivíduo e tem sido considerada uma das principais responsáveis pelos fatores de proteção. Exerce o papel de mediadora entre o indivíduo e a sociedade, tendo como função básica a formação da criança e do adolescente, que deve ser realizada permeada pela proteção, pelo apoio e afeto. As relações familiares se caracterizam por vários tipos de vínculos como afetivos, psicológicos, sociais e consanguíneos. Até algumas décadas atrás, a família era representada por um grupo de pessoas que interagiam, sendo que essas interações tendiam a ser recíprocas e padronizadas.

Atualmente esse conceito precisou ser ampliado, pois deixou de existir um modelo único de família, surgindo novas constelações familiares como casamentos sem filhos, casais que coabitam o mesmo lar e trazem filhos de casamento anterior ou ainda lares que são formados por apenas um dos pais. A família hoje, na sua construção, apresenta muitas diversidades e valores. Regras e modelos de afetividade geralmente se baseiam na sua própria história, com múltiplas realidades e diferentes contextos. Em sua complexidade, vivencia muitos conflitos e está sujeita às constantes transformações e reajustes para se adaptar às novas realidades que surgem, visando à busca de superação e equilíbrio.

Não existe hoje no Brasil, um modelo único e generalizado de família. O ingresso da mulher no mercado de trabalho, a ampliação do papel paterno para outras tarefas além de provedor, o aumento do número de separações conjugais, as uniões não formalizadas, casamentos entre pessoas do mesmo sexo, assim como mulheres sozinhas cuidando de filhos, são alguns aspectos que promoveram mudanças na constituição familiar (Silva, 2001).

Nos estudos indicando a participação da família como protetora a diversos comportamentos inadequados do jovem, destaca-se a importância dos vínculos familiares fortes, o apoio no desenvolvimento da autonomia e o estabelecimento de normas claras para os comportamentos sociais, incluindo o uso de drogas (Hoffmann & Cerbone, 2002; Schenker & Minayo, 2005).

Sob esse contexto, a família é considerada um sistema semiaberto. Um membro da família, apesar de sua complexidade, não é um organismo isolado, mas, sim, está conectado ao grupo, influenciando e sendo influenciado constantemente uns pelos outros, assim como transforma e é transformado pelo meio social (Silva, 2001). Muitos trabalhos na literatura de diferentes referenciais teóricos ressaltam a importância da família, tanto na prevenção quanto no tratamento de dependentes de drogas (Nida, 1981). Sob o ponto de vista sistêmico, é preciso considerar os diversos desafios que as famílias contemporâneas estão expostas, tais como lidar com as ansiedades e os temores frente à violência urbana e doméstica, o desemprego, o excesso de trabalho, as doenças sexualmente transmissíveis e o abuso de drogas, entre outros (Silva, 2007).

Silva (2007) apontou que o abuso de drogas é um assunto que em geral preocupa as famílias. Os temores que surgem relacionados ao uso de substâncias provocam reações variáveis em pais de crianças e adolescentes que nunca fizeram uso e até sentimentos de raiva e impotência nas famílias que já convivem com o abuso ou a dependência, ou ainda, a repetição de um padrão de comportamento aprendido pelo jovem, como o uso de drogas lícitas (álcool ou cigarro) dentro de sua própria casa.

Dessa maneira, o uso de substâncias assume diversas funções em diferentes famílias e afeta tanto o indivíduo como o seu sistema familiar. Além das causas anteriormente descritas para o uso de substâncias, as condições de vida adversas, a pobreza, a violência, o desemprego, a exclusão social, os sentimentos de abandono, o desamparo, a baixa autoestima, a solidão e a ansiedade também são considerados fatores potenciais de risco que podem levar o indivíduo ao uso ou abuso de drogas lícitas ou ilícitas, muito embora não foi detectada uma relação de causa e efeito entre esses fatores. No entanto, para compreender a presença da droga no grupo familiar é necessário se levar em conta os diversos contextos que se apresentam (Noto & Silva, 2002).

INTERAÇÕES PARENTAIS E PRÁTICAS EDUCATIVAS

Um grande número de pesquisas investigou as práticas educativas adotadas pelos pais e mostrou uma importante relação entre essas práticas e posterior desenvolvimento de comportamentos antissociais na criança e no adolescente. Esses trabalhos permitiram identificar duas dimensões distintas de estudo. Enquanto alguns autores consideraram as práticas educativas como variáveis que podem tanto desenvolver comportamentos pro sociais quanto antissociais, dependendo da frequência e intensidade com que as estratégias educacionais são utilizadas, outros trabalham com estilos parentais definidos (Baumrind, 1966).

O conceito de práticas educativas abarca as estratégias utilizadas pelos pais para atingir objetivos específicos em diferentes domínios (acadêmico, social e afetivo), sob determinadas circunstâncias e contextos. Foram apontadas sete práticas educativas de estilo parental (descrito no capítulo 4), sendo duas favoráveis ao desenvolvimento de comportamentos pró-sociais (monitoria positiva e comportamento moral) e cinco relacionadas ao desenvolvimento de estratégias educacionais negativas (a negligência, a punição inconsistente, a monitoria negativa, a disciplina relaxada e o abuso físico).

PRÁTICAS EDUCATIVAS POSITIVAS

As duas práticas educativas positivas (monitoria positiva e comportamento moral) se utilizam de reforçadores sociais, o desenvolvimento da empatia e o estabelecimento de punições ou de recompensas para o comportamento, em que se estabelecem regras claras e explicações para o não cumprimento das mesmas. A primeira delas, a monitoria positiva, envolve a atenção e o conhecimento dos pais acerca de onde seu filho se encontra e sobre suas atividades, além de demonstrações de afeto e carinho. A outra prática educativa positiva, o comportamento moral, refere-se à transmissão de valores como honestidade, generosidade e senso de justiça, com discriminação entre o certo e o errado, por meio de modelos positivos, permeados pelo afeto e carinho. Alguns fatores são apontados como fundamentais para o desenvolvimento do comportamento moral nas crianças. Entre eles estão o sentimento de culpa, o desenvolvimento da empatia, as ações honestas, as crenças parentais positivas em relação ao trabalho, a ausência de práticas antissociais e a reparação do dano (Gomide, 2003).

PRÁTICAS EDUCATIVAS NEGATIVAS

a) A negligência ocorre quando os pais não estão atentos às necessidades dos filhos, abstêm-se de responsabilidades, são omissos e a relação familiar geralmente é destituída de amor e afeto. A criança negligenciada apresenta comportamento apático e agressivo. Essa falta de interação familiar desencadeia sentimentos de insegurança, baixa autoestima, vulnerabilidade ao uso de substâncias e eventuais hostilidade e agressão em relacionamentos sociais.

b) A punição inconsistente ocorre quando os pais punem ou reforçam o comportamento de seus filhos dependendo de seu estado emocional (bom ou mau humor) e não de acordo com as ações da criança no momento. Desta forma, a criança aprende a discriminar o humor de seus pais e não aprende se o seu ato foi negativo ou positivo.

c) A monitoria negativa está vinculada ao excesso de controle na vida dos filhos e por um grande número de instruções repetitivas que não são seguidas, gerando um clima familiar hostil, estressado e sem diálogo. Esse modelo de monitoria estressante acarreta efeitos negativos nos adolescentes, podendo ser fatores de risco para esses jovens unir-se a pares antissociais, aumentando, assim, o risco de delinquência e o uso de substâncias.

d) A disciplina relaxada caracteriza-se pelo não cumprimento das regras estabelecidas. Os pais fazem ameaças, porém não as cumprem ou não fazem valer sua autoridade. Crianças expostas a esse tipo de práticas educativas estarão em potencial situação de risco para o desenvolvimento de comportamentos delinquentes (Gomide, 2003).

e) Finalmente, o abuso físico é uma prática definida como socar, espancar, morder, chutar, queimar, sacudir com a finalidade de machucar a criança. O abuso físico gera crianças apáticas, medrosas desinteressadas e antissociais. Essa prática se diferencia da punição corporal, na medida em que a última tem por finalidade a intenção de controlar ou corrigir o comportamento da criança. Diversos trabalhos na literatura mostram uma correlação positiva entre as práticas parentais negativas com a depressão, o estresse e o abuso de substâncias. Paralelamente, pais dotados de habilidades sociais tendem a exercer a monitoria positiva e o comportamento social como estratégias educacionais, promovendo um desenvolvimento mais satisfatório (Gomide, 2003).

CONSIDERAÇÕES FINAIS

Sob a perspectiva familiar, vale ressaltar que o impacto dos eventos de vida estressante, tais como a dificuldade financeira, o desemprego, a pobreza e a violência, reduzem o envolvimento parental. Nesse sentido, é importante o apoio social e afetivo às famílias, principalmente àquelas em estado de vulnerabilidade social, a fim de que possam reorientar suas práticas para estratégias em relação às competências positivas.

De qualquer maneira, é preciso considerar que os adolescentes são participantes ativos no seu processo de formação e de transmissão de normas, interagindo a todo instante na dinâmica de socialização. Embora receba influências de fatores externos como a família e o ambiente, fatores internos, inerentes a cada um, também contribuem para sua formação. A existência humana se torna viável, na medida em que as pessoas adquirem habilidades de reagir a uma variedade de desafios com respostas adequadas a cada uma das situações que se apresentam.

O indivíduo está inserido numa rede de relações que perpassam por inúmeros subsistemas: individual, socioeconômico, cultural, familiar e histórico, não sendo possível destacar uma causa única para comportamentos desajustados na adolescência. Fatores familiares, escolares, sociais, ambientais e individuais, assim como nível de stress, uso de drogas, se correlacionam, formando diferentes entrelaçamentos.

A construção da forma de pensar e agir do jovem se dá a partir das características próprias do indivíduo, do ambiente familiar e do contexto socioeconômico cultural. Ressalta-se aqui a forte evidência de que um ambiente familiar estável e afetivo, direcionado para a aquisição da autoestima e da valorização do potencial do jovem, contribui para um maior nível de bem estar e atua como um dos mais importantes fatores de proteção. Em contrapartida, quanto menos acesso à educação, aos serviços de saúde, quanto mais excluídos e marginalizados e quanto menos recursos o adolescente dispor para fazer suas escolhas de vida, mais vulnerável estará às situações de stress e ao uso de drogas.

REFERÊNCIAS BIBLIOGRÁFICAS

Andrade, L. H. S. G. & Gorestein, C. (1998). Aspectos gerais das escalas de avaliação de ansiedade. *Rev. Psiq. Clin, 25*(6), Ed. Especial, 285-90.

Baumrind, D. (1966). Effects of authoritative parental control on child behavior. *Child Development, 37*, 887-907.

Cannon, W. B. (1939). *The Wisdom of the body*. New York: Norton.

Chrousos, G. P. (1998). Stressors, stress, and neuroendocrine integration of the adaptive response. The 1997 Hans Selye Memorial Lecture. *Acad. Sci*, 851, 311-35.

Conger, J. J. (1956). Alcoholism: theory, problem and challenge. II. Reinforcement theory and the dynamics of alcoholism. *Q J Stud Alcohol*, 17, 296-305.

Compas, B. E. (1987). Coping with stress during childhood and adolescence. *Psychological Bulletin*, 101, 393-403.

De Micheli, D. & Formigoni, M. L. O. S. (2000). Screening of drug use in a teenage Brazilian sample using the Drug Use Screening Inventory (DUSI). *Addict Behav*, 25, 683-91.

Frade, I. F. (2004). *Uso de substâncias psicoativas e estresse em adolescentes brasileiros: uma relação complexa*. Dissertação de Mestrado, Universidade Federal de São Paulo, Escola Paulista de Medicina, São Paulo, SP, Brasil.

Galduróz, J. C. F., Noto, A. R. & Carlini, E. A. (1997). *IV Levantamento sobre o Uso de Drogas entre Estudantes de 1º. e 2º. Graus em 10 Capitais Brasileiras*. Universidade de Federal de São Paulo, Escola Paulista de Medicina, São Paulo,   SP, Brasil.

Gomide, P. I. C. (2003). Estilos parentais e comportamento antissocial. Em A. Del Prette & Z. Del Prette (Orgs.), *Habilidades sociais, desenvolvimento e aprendizagem: questões conceituais, avaliação e intervenção* (pp. 298). Campinas: Alínea.

Graeff, F. G. (2003). Bases biológicas do transtorno pós-traumático. *Rev. Bras. Psiquiatr*, 23, suplem I, 21-24.

Hawkins, J. D., Catalano, R. F. & Miller, J. Y. (1992). Risk and protective factors for alcohol and other drug problems in adolescence and early adulthood: implications for substance abuse prevention. *Psychological Bulletin, 112*(1), 64-105.

Hoffmann, J. P. & Su, S. S. (1998). Stressful life events and adolescent substance use and depression: conditional and gender differentiated effects. *Subst. Use Misuse*,33, 2219-62,

Hoffmann, J. P., Cerbone, G. & Su, S. S. (2000). A growth curve analysis of stress and adolescent drug use. *Subst. Use Misuse*, 35, 687-716.

Hoffmann, J. P. & Cerbone, F. G. (2002). Parental substance use disorder and the risk of adolescent drug abuse: an event history analysis. *Drug and Alcohol Dependence*, 66, 255-64.

Lazarus, R. S. & Folkman, S. (1984). *Stress, appraisal and coping*. New York: Springer.

Lipp, M. E. N. (2000). *Manual do inventário de sintomas de stress para adultos – ISSL*. São Paulo: Casa do Psicólogo.

McEwen, B. S., & Lasley, E. N. (2003). *O fim do estresse como nós o conhecemos*. (Coimbra L., Trad.). Rio de Janeiro: Nova Coimbra.

Newcomb, M. D., Huba, G. J. & Bentler, P. M. (1986). *Life change events among adolescents: An empirical consideration of some methodological issues*. J. Nervous. *Mental Disease*, 174, 280-89.

Newcomb, M. D. (1995). Identifying high-risk youth: prevalence and patterns of adolescent drug abuse. *NIDA Research Monograph*, 156, 7-37.

National Institute on Drug Abuse (NIDA) (1981). *Drug and the family*. Research Issues, 29. Washington: Thomas J Glym.

Noto, A.R., & Silva, E. A. (2002). Dependência química, adolescência e família. Em O. Furtado, (Org.). *Psicologia e adolescência, concepções práticas e reflexões críticas* (pp. 92-98). Conselho Federal de Psicologia.

Ozella, S. (2002). Adolescência: uma perspectiva crítica. Em M. L. J. Contini, S. H.

Koller, M. N. S. & Barros, M. (2002). *Adolescência e psicologia: concepções práticas e reflexões críticas*. Brasília: Conselho Federal de Psicologia.

Schenker, M. & Minayo, M. C. S. (2005). Fatores de risco e proteção para o uso de drogas na adolescência. *Ciência & Saúde Coletiva*, 10 (3), 707-17.

Selye, H. (1956). *The Stress of life*. New York: McGraw-Hill.

Silva, E. A. (2001). Abordagens familiares. *J Bras Dep Quim*, 2(supl 1), 21-4.

Silva, E. A. (2007). Vulnerabilidades familiares, adolescentes e abuso de drogas. Em M. Grandesso, M. R. Barreto (Org.) *Terapia comunitária*. (pp.105-110). São Paulo: Casa do Psicólogo.

Smetana, J., Yau, J., Restrepo, A. & Braeges, J. (1991).Conflict and adaptation in adolescence: Adolescent-parent conflict. Em M. E. Colton, & S. Gore (Eds.) *Adolescent Stress: Causes and Consequences* (pp. 43-65). New York: Aldine de Gruyter.

Tricoli, V. A. C. (2002). *Escala de stress para adolescentes: construção e validação*. Tese de Doutorado, Centro de Ciências da Vida. Pontifícia Universidade Católica de Campinas, São Paulo, Brasil.

Wallace, J. M. Jr. (1999). The social ecology of addiction: race, risk, and resilience. *Pediatrics*, 103, 1122-27.

Capítulo 6

O STRESS NA ADOLESCÊNCIA E A ESCOLHA PROFISSIONAL

Juliano Rodrigues Afonso

INTRODUÇÃO

Muitos já se questionaram na adolescência (para não dizer a maioria de nós), em alusão ao nosso futuro, principalmente no que diz respeito à carreira profissional: "O que vou ser?". Para alguns este momento pode ter sido uma transição natural, mas para outros tantos esta pode ter sido uma interminável "equação matemática", com todos os sentimentos possíveis e inimagináveis.

Interagimos ao longo de nossa infância e a fase inicial da adolescência, seja pelas brincadeiras ou pelas conversas entre familiares, sobre os aspectos profissionais. No entanto, marcadamente, seu principal momento se dá na adolescência, quando o jovem, por diversos e diferentes marcadores sociais, é "encurralado" a refletir e tomar alguma posição.

Procurou-se, então, levantar dados de pesquisas e da literatura sobre o assunto, para delinear não só um momento tão importante da adolescência, mas aspectos relevantes nesta etapa. A partir daqui imergimos em descrições, dados e discussões não só sobre o stress e a escolha profissional, mas como estes interagem em uma das fases mais importantes de nossas vidas.

A ADOLESCÊNCIA E A ESCOLHA PROFISSIONAL

Fase de reorganização emocional, o processo bioquímico que acomete os adolescentes gera turbulência e instabilidade. Entre suas idas e vindas, encantos e desencantos, esse processo é marcado por mudanças complexas e tensas, sendo entre a passagem da infância para adolescência e, então fase adulta, uma luta do jovem em deixar de ser dependente para se tornar independente, trazendo consigo todas as responsabilidades de um jovem adulto. Sua marca é a busca pela autonomia, deixando de lado a dependência. Um distanciamento dos pais, lento e progressivo, levando a individualização de ações e pensamentos (Aberastury & Knobel, 1981).

Momento de intensas transformações e transições, a adolescência torna-se, para muitos, um marco importante em suas vidas. O adolescente, "desestrutura e reestrutura" suas relações com o mundo e consigo mesmo (Bohoslavsky (2003), algo marcante nesta fase. Neste contexto, o jovem irá construir novas estratégias de enfrentamento e relações com ele mesmo e o mundo. Testa continuamente suas convicções e crenças, buscando formar, no que é esperado em seu final, sua personalidade estruturada. Marcadamente, o processo de escolha profissional faz parte desta etapa.

Nesta fase, às vezes tão conturbada, encontra-se o jovem na escolha de seu curso universitário (boa parte das vezes) ou sua área de atuação profissional que, segundo Bohoslavsky (2003), é vivido como a escolha de seu futuro. Mais que uma escolha, o jovem busca, por meio de sua identidade profissional, seu futuro como pessoa, seu papel na sociedade e no mundo.

Mas esse momento não é tão tranquilo assim. Surgem muitos dilemas, aflições, desapontamentos, encontros e desencontros, pois o jovem entrará em contato consigo mesmo e aprofundará as relações com o mundo. Optará, então, por um caminho que nem sempre pode ser a escolha mais correta.

Ao longo dos últimos anos, a "escolha profissional" tem sido estudada no Brasil com mais ênfase. Alguns estudos, como o que validou a Escala de Maturidade para Escolha Profissional (EMEP),[1] apontaram dados relevantes, como o aumento gradual do que é nomeado como Maturidade para Escolha Profissional, entre as séries escolares.

O conceito "Maturidade Profissional" foi nomeado assim, pela primeira vez, pelo americano Donald Edwin Super. Psicólogo e pesquisador, Super desenvolveu uma teoria que diz respeito a uma série de comportamentos e atitudes que a pessoa deve ter ao longo da vida com relação à carreira profissional. De ordem desenvolvimentista, esta teoria supõe que o indivíduo terá um processo gradual e sistemático, baseado em construções de conceitos retiradas da sua própria realidade, formando uma identidade profissional que se inicia na infância e é concluída na paralisação das atividades laborais na terceira idade (Balbinotti, 2003; Neiva, 1999).

Assim, em 1996, foi construída a primeira versão da EMEP no Brasil, a fim de avaliar o nível de maturidade em que o indivíduo se encontra no que diz respeito ao aspecto profissional. Tal instrumento teve seu estudo validado para ser utilizado na população brasileira em 1998 por Kathia Maria Costa Neiva (Neiva,1999). Enquanto instrumento de avaliação objetiva em Psicologia, a Escala de Maturidade para Escolha Profissional (EMEP) tem sido utilizada em orientação vocacional, como meio de apontar o nível em que se encontra o jovem do ensino médio, tanto de modo geral como de forma mais específica (subitens), no que diz respeito à determinação, responsabilidade, independência, autoconhecimento e conhecimento da realidade.

Dessa forma, algumas pesquisas foram realizadas para verificar, entre outras coisas, o nível de maturidade profissional em que o estudante brasileiro do ensino médio se encontra. Destacam-se destas a realizada por Neiva, Silva, Miranda e Esteves (2005), que verificaram, entre outros aspectos, a diferença entre as médias obtidas nas três séries do ensino médio. Os resultados apontaram haver

---

[1] Neiva, K. M. C. (1999). *Escala de maturidade para a escolha profissional*. São Paulo: Vetor Editora Psico-pedagógica.

diferença significativa entre os três anos letivos, ou seja, a cada ano há um aumento no nível de maturidade profissional entre os jovens estudados. No entanto, segundo os autores são poucos os adolescentes que fazem sua escolha de forma "madura e consciente", o que aponta para algo incoerente, pois, se há um aumento na maturidade, mas os jovens não fazem uma "boa" opção, talvez haja algo a mais interferindo neste processo.

Ao pesquisar dados da literatura sobre o abandono nas universidades encontra-se informações que podem ser o reflexo desta dificuldade na escolha. Apontamentos realizados por Lucchiari (1992), ao analisar dados da UFRGS e UFSC, indicaram um índice de 25% a 30% de alunos ingressantes que revelaram ter iniciado outro curso superior anteriormente.

Em um estudo realizado entre 2001 e 2005, a partir de dados do INEP (Instituto Nacional de Ensino Superior), Silva Filho, Motejunas, Hipólito e Lobo (2007) apontaram uma taxa de 22% de desistência do curso superior neste período. Dessa forma, o fato de que tantos jovens desistam logo nos primeiros anos do curso superior suscita dúvidas e muitas indagações, principalmente sobre a escolha profissional realizada.

Sendo assim, tal etapa da vida do ser humano precisa, sem dúvida, ser melhor pensada e estudada. O fato de tantos jovens desistirem do curso escolhido nos primeiros anos da universidade e os estudos que apontam a dificuldade de se fazer essa escolha ao fim do terceiro ano do ensino médio relacionam-se e produzem momentos de preocupação e indagações que podem se refletir ao longo da vida.

A FAMÍLIA NO PROCESSO DE ESCOLHA PROFISSIONAL

É preciso ressaltar que o momento de escolha, que pode durar até alguns anos, não é vivido apenas pelo jovem. A família participa, também, desse momento. Uns mais intensamente, outros menos; os familiares esperam que sua escolha esteja feita no término do terceiro ano do ensino médio. Assim também sofrem, angustiam-se, ficam felizes, entre outras tantas consequências, sejam estas positivas ou negativas.

Segundo Bohoslavsky (2003), a família "...constitui o grupo de participação e de referência fundamental, e é por isso que os valores desse grupo constituem bases significativas na orientação do adolescente..." (p. 33). O adolescente, segundo este autor, inevitavelmente receberá influências, sejam positivas ou negativas.

O papel socializador que a família desempenha é muito forte e se inicia desde muito cedo (Dias, 1995). Desde a concepção até a fase adulta, poderá haver algum tipo de função determinante. Assim, compreendendo que, na escolha profissional, o jovem entrará de fato no mundo dos adultos, a família pode ser elemento importante para o jovem pautar-se, apoiar-se e/ou distanciar-se dela. Esta visão desempenha um forte modelo de atuação do psicólogo que atuará na descoberta dos influenciadores diretos e indiretos no processo de escolha (Dias, 1995).

Não é possível afirmar categoricamente que todas as famílias influenciam o jovem em sua escolha profissional. No entanto, podemos supor que de alguma forma o contexto familiar poderá influir no jovem nesta fase, da mesma forma que uma gama de outros fatores como seus pares, suas convicções políticas e religiosas, valores e crenças de vida, situação econômica do país, escola e professores. Assim, para determinarmos como o seio familiar interfere, e até de que forma, seja ela positiva, negativa ou neutra, devemos nos pautar em dados de pesquisas.

Em pesquisa realizada por Santos (2005), procurou-se identificar quais eram as percepções de dezesseis adolescentes entre 16 e 18 anos acerca da influência da família e terceiros no processo de escolha profissional. Partindo de entrevistas semidirigidas pela pesquisadora e respostas dos próprios participantes, Santos apontou dentre outras coisas que, embora parte dos jovens entrevistados indicarem uma necessidade de individualização, havia por outra parte deles uma busca de apoio familiar e de seus pares (amigos, colegas e jovens da mesma idade). Ainda, os adolescentes desta pesquisa indicaram ser influenciados emocionalmente pela atitude dos pais, sentindo-se mais ou menos seguros, até gerando sentimentos contraditórios, dependendo da postura destes para com eles.

Tais dados são interessantes quando nos apontam a força que a figura da família exerce sobre o jovem nesta fase da vida. Dessa forma, não podemos deixar de destacar a importância de entender individualmente como e de que forma isto se configura no processo de orientação profissional efetuado em consultório clínico.

Outro estudo que reforça esta "necessidade" do jovem foi realizado pelo Afonso (2008) que aplicou um questionário preestabelecido em 65 jovens do terceiro ano do ensino médio de escolas particulares do interior do Estado de São Paulo. Esse questionário teve como objetivo saber se o jovem precisou de ajuda para escolher o curso em que se inscreveria para o vestibular naquele ano, e verificar o nível de stress e a maturidade para escolha profissional, durante o ano letivo. O levantamento indicou que 22 jovens (33,84%) precisaram de auxílio, sendo que destes, 12 (54%) indicaram os pais como figura de apoio e 3 (13%), os amigos.

Embora o número possa ser pequeno, não se pode deixar de mencionar que, mais que a influência, os dados apontam a busca de auxílio direto, aberto e solicitada pelo jovem. Não se procurou identificar o sentimento de influência, mas se necessitaram de alguma ajuda, o que torna o dado mais concreto no que se refere ao papel dos pais.

Quando pensamos em família, é importante destacar que esta cria expectativas com relação aos seus integrantes, gerando crenças sobre seu futuro, além de outros aspectos. Assim, o jovem poderá trazer consigo (seja explícito ou implícito) tais "crenças" e valores, principalmente no quesito carreira profissional, que será de alguma forma levada em consideração no processo de escolha profissional.

O receio de decepcionar e errar pode levar o adolescente a momentos de ansiedade, que pode ser insuportável. Muitas vezes esse panorama pode ser agravado pela família que deposita nele visões acerca do papel de "sucessor", bem como apontou Soares (2000). Dessa forma a família (na figura dos pais) pode ver nos filhos uma oportunidade de resolver algo não bem delineado em sua própria carreira profissional.

O STRESS NESTA ETAPA

O stress configura-se como um estado de reações psicofisiológicas que podem interferir significativamente no indivíduo em situações em que precisa de mais energia, sendo esta boa ou má, gerando um processo bioquímico, possível de ocorrer em qualquer idade, gênero ou classe social. Segundo o médico endocrinologista e cientista Hans Selye (1965), o stress ocorreria como consequência de uma adaptação geral do organismo, a fim de retornar ao seu equilíbrio após a desestabilização inicial.

Assim, o stress pode estar presente em qualquer idade, sexo e/ou fase de desenvolvimento, sendo possível que provoque sintomas mais prejudiciais, dependendo de como a pessoa interpreta os fatos que vivencia. Desse modo, o stress configura-se em cada pessoa de uma forma, podendo ser interpretado e gerar problemas de modo diferenciado.

Se levarmos em consideração a forma pela qual o jovem brasileiro tem que fazer sua escolha profissional, ou seja, durante o ano letivo e não no seu final, podemos supor, que mediante o mecanismo do stress e de como ele pode ser desencadeado, há possibilidade de nossos jovens terem mais prejuízos. É preciso ressaltar que, em nossa concepção atual de ensino, os adolescentes do terceiro ano do ensino médio, além de vislumbrar a carreira profissional e "fazer uma escolha", devem dar conta das próprias demandas escolares para concluir o ano letivo, o que pode prejudicar seu desempenho na escolha do curso pretendido.

No Brasil, embora carente de maiores pesquisas, alguns estudos procuraram compreender e identificar o stress nesta fase de desenvolvimento. Leal (2001) realizou uma pesquisa com 453 adolescentes, utilizando-se de uma adaptação do Inventário de Stress para Adultos (ISSL) da também psicóloga e pesquisadora Marilda Lipp (2000), e identificou que 61,1% dos jovens pesquisados apresentavam nível significativo de stress.

Já no ano de 2002, em um trabalho inédito no Brasil, Tricoli (2002), realizou uma pesquisa com 645 adolescentes, entre 14 e 18 anos, com o objetivo de elaborar e validar a primeira escala de stress para adolescentes: a Escala de Stress para Adolescentes – ESA (Tricoli & Lipp, 2006). Tal estudo, além de criar uma importante ferramenta para quem trabalha e estuda o adolescente, possibilitou elencar dados interessantíssimos.

Em um desses, os próprios participantes da pesquisa apontaram o vestibular e a escolha profissional como preocupações, estando ao lado de outras como os problemas relacionados com os pais e o relacionamento com os colegas. Para a autora desta pesquisa, estes dados dão indícios de fontes de stress entre os adolescentes pesquisados.

A partir de então, com este novo instrumento de avaliação psicológica, Justo (2005) realizou um estudo com adolescentes e seus pais, a fim de entender como o estilo parental influenciava no stress dos filhos. A autora verificou que 26% dos adolescentes apresentaram stress excessivo (capítulo 4 do presente livro).

Assim, com uma ferramenta adequada para estudar o stress presente entre os jovens de 14 a 18 anos, Afonso (2008) procurou estudar as possíveis relações entre stress e o momento da escolha profissional em jovens estudantes do terceiro ano do ensino médio de escolas particulares do interior de São Paulo.

Entendendo que durante o terceiro ano do ensino médio, o jovem deve necessariamente fazer suas inscrições em meados de agosto e setembro, nas maiores universidades públicas do Estado de São Paulo, este deverá ter definido qual curso se inscreverá e sequencialmente vislumbrar sua futura carreira profissional. Consciente de que nem todos os jovens se inscrevem nesses vestibulares, faz se necessário entender que, estando envolvido em um grupo com características similares, o simples fato de presenciar tal momento pode ser o suficiente para o jovem sentir as pressões pela escolha.

Desse modo procurou-se avaliar o stress e a maturidade da escolha profissional em dois momentos: no início do ano letivo (março) e em agosto, quando se iniciam as inscrições para o vestibular da Fuvest. Além disso, a pesquisa buscou conhecer um pouco do perfil desses jovens: como se sentiam com relação à escolha profissional e se precisaram de apoio durante a escolha.

Inicialmente, participaram desta pesquisa 65 jovens, entre 16 e 18 anos, sendo 29 do gênero masculino e 36 do gênero feminino, provenientes de quatro escolas do interior de São Paulo. Os resultados do trabalho indicaram dados relevantes quantos aos participantes.

Com relação ao stress, os dados coletados na primeira etapa de aplicação da pesquisa indicaram que 22 participantes apresentavam nível de stress significativo. Na segunda etapa, o número aumentou para 27 participantes, havendo, portanto, um aumento percentual dos participantes com indicativo de stress de 33,8% para 41,5%.

No entanto, análises estatísticas demonstraram não haver diferença estatística significativa entre uma e outra etapa com relação ao stress. Embora as avaliações não tenham indicado significância entre as médias obtidas, pôde-se observar um maior número de adolescentes com indicativo de stress (41,5%) logo no início das inscrições dos principais vestibulares de escolas públicas do Estado de São Paulo.

É pertinente explicar que a ESA indica, por meio de equações matemáticas, índices que devem ser comparados entre tabelas previamente elaboradas, com índices diferenciados por gêneros, e o stress considerado prejudicial se inicia a partir do que é chamado de percentil 75. Dessa forma, afirmar que alguém está estressado depende da quantidade de sintomas e/ou tempo em que estes são sentidos pela pessoa.

Ao analisar individualmente os índices obtidos entre a primeira e a segunda etapa de aplicação das escalas nos participantes, foi possível identificar uma alternância entre ter ou não indicativo de stress. Alguns jovens obtiveram na segunda etapa um nível menor de stress, deixando de ter indicação, e outros, que não apresentaram stress, obtiveram indicação de stress. Também houveram participantes que permaneceram com os mesmos índices de stress nas duas etapas.

Considerando a porcentagem de stress encontrada neste estudo, constatou-se, como em pesquisas realizadas por Leal (2001) e Justo (2005), que há uma considerável incidência de stress entre os adolescentes avaliados.

Ao analisar os resultados encontrados nos níveis de maturidade para escolha profissional dos participantes dessa pesquisa, realizados seguindo a Escala de Maturidade para Escolha Profissional (EMEP), pôde-se observar dados interessantíssimos e, ao mesmo tempo, reveladores.

Observou-se que alguns adolescentes realmente obtiveram um aumento na maturidade para a escolha profissional. No entanto, outros tiveram uma diminuição de seu nível de maturidade. Em outras palavras, houve participantes que obtiveram classificação inferior na primeira etapa tendo passado para níveis superiores na segunda etapa, enquanto outros obtiveram classificação superior na primeira etapa, mas decaíram seus níveis na segunda etapa.

Mais contundente que esta observação, foi a análise estatística efetuada que indicou não ter havido um aumento no nível de maturidade para a escolha profissional durante o ano letivo de forma consistente e significativa.

Detalhando um pouco mais, ao analisar os dados dos participantes dessa pesquisa de forma mais individualizada, principalmente os que estavam posicionados na classificação inferior ou muito inferior na primeira fase, foi possível observar que apenas dois deles continuaram na classificação inferior. Os demais aumentaram seu percentil, passando para classificações superiores. De forma paradoxal, seis participantes que apresentaram classificações médio inferior e/ou médio na primeira fase da pesquisa decaíram para classificações inferiores na segunda etapa. Também foi constatada uma inversão de posições na classificação entre outros participantes, mas não todos. Alguns mantiveram seu posicionamento.

Diferente do que se pensava, os jovens dessa amostra não obtiveram um aumento significativo quanto à maturidade para a escolha profissional. Embora as pesquisas (supracitadas) tenham indicado haver aumento significativo da maturidade entre os anos, este estudo indicou que alguns participantes decresceram e outros ascenderam seus níveis, ou seja, apenas houve uma inversão de posições sem um aumento significativo na maturidade para escolha profissional, em um mesmo ano do ensino médio.

Pôde-se observar nos resultados que boa parte dos jovens, de forma geral, aglutinou-se nas classificações medianas. No entanto, não se pode afirmar que houve melhora, pois outros participantes que se posicionaram na primeira etapa da pesquisa em níveis superiores passaram para níveis médios na segunda etapa. Dessa forma, não se pode argumentar que esses já detinham ou vieram a possuir uma maturidade suficiente para uma escolha "madura".

Conclui-se que este fato pode ser gerado pela própria dinâmica da adolescência, em que o jovem "desestrutura e reestrutura" continuamente suas relações, como aponta Bohoslavsky (2003).

Ao verificar a possibilidade de influência do stress sobre a maturidade para a escolha profissional, análises estatísticas indicaram não haver tal relação. Não há indícios de que este momento, tão importante para alguns adolescentes, tenha influências do stress em seu nível de maturidade, ou seja, este estudo não indicou que a considerável taxa de stress encontrada na população estudada seja a causa de não haver aumento de maturidade.

Como a segunda etapa da aplicação da pesquisa é o momento em que o jovem deveria ter em mente qual curso optará nas inscrições, julga-se necessário que ele já esteja preparado o suficiente para a escolha. No entanto, os dados relativos aos participantes da pesquisa indicaram não coincidirem a necessidade de escolha e o tempo necessário para sua maturação.

Dessa forma, os resultados deste estudo podem ter apontado uma das possíveis causas da grande quantidade de jovens que desistem logo nos primeiros anos da universidade pública e ingressam novamente em outro curso como mencionado por Lucchiari (1992) ou que abandonam o curso superior como revelaram Lobo, Silva Filho, Motejunas, Hipólito e Lobo (2007).

Inversamente a esses dados, os resultados encontrados nas questões apresentadas aos participantes deste estudo indicaram que na primeira etapa 58 jovens não estavam preparados para a escolha da carreira profissional. No entanto, na segunda etapa, 48 destes já se consideravam preparados para a escolha. Além disso, 57 dos adolescentes (maioria absoluta) afirmaram ter escolhido o curso que pretendem seguir na universidade na segunda etapa, realizada no final de agosto.

Com esses resultados, observou-se que os jovens fizeram sua escolha, mesmo não apresentando aumento significativo em seus níveis de maturidade profissional, Sendo o vestibular e a escolha profissional fatores de maior preocupação para os jovens, segundo dados apontados em pesquisa realizada por Tricoli (2002), seria importante a busca de meios para lidar com esses aspectos. Contudo, mesmo sendo provenientes de escolas particulares e tendo, portanto, mais recursos e possibilidades, poucos procuraram ajuda como o apoio de familiares, professores, amigos, bem como fazer uso de orientação profissional.

Entendendo-se a fase da adolescência como um momento em que o jovem testa e retesta as convicções do mundo, é possível compreender tal comportamento como uma flutuação de opiniões quanto a sua escolha profissional.

CONSIDERAÇÕES FINAIS

Sem dúvida, o stress está presente neste momento tão importante das nossas vidas: a escolha profissional. Pesquisar e estudá-lo para delinear (seja quantitativa ou qualitativamente) o prejuízo que traz continua sendo relevante para verificar as causas e apontar possíveis soluções. A partir dos dados apontados neste capítulo, procurou-se demonstrar o quanto muitos jovens vão para a universidade a partir de uma escolha efetuada em poucos meses e sem a indicação de terem uma maturidade para essa escolha.

Nesse momento tão específico não se está questionando a qualidade de ensino, mas o quanto o jovem, então adolescente, entra na universidade consciente do que realmente quer, ou se realmente fez a melhor opção quanto ao curso. Ou indo além, será este o momento mais pertinente para o jovem fazer sua escolha profissional?

Deve-se pensar em trabalhar melhor o jovem, não só em levá-lo a descobrir suas vocações, mas prepará-lo para as turbulências desse momento. A experiência, aliada a dados de pesquisa, demonstra que o terceiro ano do ensino médio pode transformar-se em um acúmulo de responsabilidades e deveres, tornando-se um forte gerador de stress.

Assim, discutir o ensino médio e o momento para pensar na escolha da carreira, torna-se pertinente quando pensamos na quantidade de jovens que desistem do curso escolhido nos primeiros anos do ensino superior, bem como nas decepções e frustrações geradas no jovem adulto e sua família.

Assim, programas de orientação profissional durante o ensino médio (não apenas no último ano), acrescido de um treino de como lidar com o stress, fazem-se pertinentes, além de maiores estudos a fim de se entender cada vez mais esta etapa em nossas vidas.

Não podemos nos esquecer de que o então jovem universitário será o profissional que no futuro encaminhará o rumo deste país.

REFERÊNCIAS BIBLIOGRÁFICAS

Aberastury A. & Knobel, M. (1981). *Adolescência normal*. Porto Alegre: Artes Médicas.

Afonso, J. R. (2008). *Escolha profissional e stress em estudantes do terceiro ano do ensino médio*. Monografia de conclusão de curso. Faculdade de Ciências da Saúde- FACIS, São Paulo, Brasil.

Balbinotti, M. A. A. (2003). A noção transcultural de maturidade vocacional na Teoria de Donald Super. *Psicologia Reflexão Crítica*, 16 (3), pp. 461-473.

Bohoslavsky, R. (2003). *Orientação vocacional: a estratégia clínica*. São Paulo: Martins Fontes.

Dias, M. L. (1995). A família e a escolha profissional. Em A. M. M. B. Bock et. al (Org). *A escolha profissional em questão* (pp 70-92). São Paulo: Casa do Psicólogo.

Justo, A. P. (2005). *A influência do estilo parental no stress do adolescente*. Dissertação de Mestrado, Pontifícia Universidade Católica, Campinas, São Paulo, Brasil.

Leal, E. Q.(2001). Educação efetiva e o tratamento do stress no adolescente. Em *Anais do X Encontro Brasileiro de Psicoterapia e Medicina Comportamental* (pp. 99). Campinas.

Lipp, M. E. (2000). *ISSL – Inventário de Sintomas de Stress para Adultos de Lipp*. São Paulo: Casa do Psicólogo.

Lucchiari, D. H. P. S. (1992). O que é a orientação profissional? Uma nova proposta de orientação. Em Lucchiari, D. H. P. S. *Pensando e vivendo a orientação profissional.* (pp 11-16). São Paulo: Summus Editorial.

Neiva, K. M. C. (1999). *Escala de maturidade para a escolha profissional- EMEP*. São Paulo: Vetor Editora Psico-pedagógica.

Neiva, K. M. C., Silva, M. B., Miranda, V. R. & Esteves, C. (2005). Um estudo sobre a maturidade para a escolha profissional de alunos do ensino médio. *Revista brasileira de orientação profissional*, 6(1), 1-14.

Santos, L. M. M. (2005). O papel da família e dos pares na escolha profissional. *Psicologia em estudo*, 10 (1), 57-66.

Selye, H. A. (1965). *Stress: atenção da vida*. (Frederico Branco, Trad.). São Paulo: Ibrasa.

Silva Filho, R. L. L., Motejunas, P. R., Hipolito, O. & y Lobo, M. B. de C. M. (2007). A evasão no ensino superior brasileiro. *Caderno em Pesquisa, 37* (132), 641-659.

Soares, D. H. P., & Lisboa, M. D. (Org.) (2000). *Orientação profissional em ação*. São Paulo: Summus Editorial.

Tricoli, V. A. C. (2002). *Escala de stress para adolescentes: criação e validação*. Tese de Doutorado, Pontifícia Universidade Católica, Campinas, São Paulo, Brasil.

Tricoli, V. A. C. & Lipp, M. N. (2006). *Escala de Stress para Adolescentes – ESA*. São Paulo: Casa do Psicólogo.

CONCLUSÕES

Valquiria Aparecida Cintra Tricoli

Este material que aqui se apresentou compilado em um único livro é inédito, pois há no Brasil poucos e esparsos estudos que auxiliam na prevenção e tratamento do stress em adolescentes. Em cada capítulo procurou-se oferecer informações para que adultos (pais, professores e profissionais) interessados no bem-estar dos adolescentes possam promover a prevenção e, se necessário, a intervenção no stress excessivo. Considerando que o mundo hoje, com o advento da globalização, depende da agilidade e rapidez, há a necessidade de uma sociedade sadia, capaz de administrar o stress oriundo de toda essa aceleração e utilizá-lo de modo produtivo.

Adolescentes estressados que não receberem os devidos cuidados terão grande probabilidade de se tornarem adultos estressados e com as sequelas trazidas por suas vivências. O stress reduz o aproveitamento escolar, dificulta a escolha profissional, afeta a saúde física e mental; poderá levar ao uso de drogas e à marginalidade, o que afetará diretamente a vida desse cidadão e a sua produtividade ao longo de muitos anos.

Pais, professores, médicos e outros adultos importantes na vida do adolescente podem auxiliar para a redução do stress excessivo em sua vida, servindo inclusive de modelo para enfrentar as situações estressantes de modo adequado e efetivo. As práticas parentais adequadas, professores conscientes da importância que podem ter para o adolescente, educadores capazes de identificar o stress nos alunos e que mantenham um bom relacionamento com os pais, que quando necessário possam sugerir uma avaliação psicológica; médicos que conheçam sobre o stress e que não tratem o paciente somente como um "corpo", que possam olhar seus pacientes como um todo e não hesitem em indicar-lhes uma avaliação dos aspectos emocionais, ao identificarem as consequências da tensão emocional, poderão juntos formar uma grande corrente, uma equipe que muito colaborará para a verdadeira saúde desse jovem.

O controle do stress na adolescência favorecerá não somente ao adolescente e a sua família, mas a sociedade em geral, pois, assim, poderemos ter adultos mais preparados, criativos e produtivos, capazes de colaborarem para a construção de um mundo mais saudável, com indivíduos mais felizes e com uma melhor qualidade de vida.

impressão acabamento
rua 1822 n° 341
04216-000 são paulo sp
T 55 11 3385 8500
F 55 11 2063 4275
www.loyola.com.br